# Caderno de alfabetização

## Célia Passos

Cursou Pedagogia na Faculdade de Ciências Humanas de Olinda – PE, com licenciaturas em Educação Especial e Orientação Educacional. Professora do Ensino Fundamental e Médio (Magistério), e coordenadora escolar de 1978 a 1990.

## Zeneide Silva

Cursou Pedagogia na Universidade Católica de Pernambuco, com licenciatura em Supervisão Escolar. Pós-graduada em Literatura Infantil. Mestra em Formação de Educador pela Universidade Isla, Vila de Nova Gaia, Portugal. Assessora Pedagógica, professora do Ensino Fundamental e supervisora escolar desde 1986.

1ª edição
São Paulo
2015

Coleção Eu gosto m@is
Caderno de alfabetização
© IBEP, 2015.

| | |
|---:|:---|
| **Diretor superintendente** | Jorge Yunes |
| **Diretora editorial** | Célia de Assis |
| **Gerente editorial** | Maria Rocha Rodrigues |
| **Coordenadora editorial** | Simone Silva |
| **Assessoria pedagógica** | Valdeci Loch |
| **Editora** | Mirian Gaspar |
| **Assistente editorial** | Fernanda Santos |
| **Coordenadora de revisão** | Helô Beraldo |
| **Revisão** | Beatriz Hrycylo, Luiz Gustavo Bazana, Rosani Andreani, Salvine Maciel |
| **Secretaria editorial e Produção gráfica** | Fredson Sampaio |
| **Assistentes de secretaria editorial** | Carla Marques, Karyna Sacristan, Mayara Silva |
| **Assistentes de produção gráfica** | Ary Lopes, Eliane Monteiro, Elaine Nunes |
| **Coordenadora de arte** | Karina Monteiro |
| **Assistentes de arte** | Aline Benitez, Gustavo Prado Ramos, Marilia Vilela, Thaynara Macário |
| **Coordenadora de iconografia** | Neuza Faccin |
| **Assistente de iconografia** | Bárbara Odria Vieira |
| **Ilustrações** | Eunice/Conexão editorial, Fábio/Imaginário Studio, João Anselmo e Izomar, José Luís Juhas |
| **Processos editoriais e tecnologia** | Elza Mizue Hata Fujihara, Fernando Cardille |
| **Projeto gráfico e capa** | Departamento de Arte – IBEP |
| **Ilustração da capa** | Manifesto Game Studio |
| **Diagramação** | N-Publicações |

**CIP-BRASIL. CATALOGAÇÃO-NA-FONTE**
**SINDICATO NACIONAL DOS EDITORES DE LIVROS, RJ**

P32c

    Passos, Célia
      Caderno de alfabetização / Célia Passos, Zeneide Silva. - 1. ed. - São Paulo : IBEP, 2015.
        il. ; 28 cm.    (Eu gosto mais)

     ISBN 9788534245302 (aluno) / 9788534245319 (mestre)

     1. Ensino fundamental - Brasil. 2. Educação. 3. Alfabetização. 4. Leitura 5. Letramento. I. Silva, Zeneide. II. Título. III. Série.

15-24230                     CDD: 372.416
                               CDU: 37.091.33

30/06/2015   01/07/2015

1ª edição – São Paulo – 2015
Todos os direitos reservados

Av. Alexandre Mackenzie, 619 – Jaguaré
São Paulo – SP – 05322-000 – Brasil – Tel.: (11) 2799-7799
www.editoraibep.com.br      editoras@ibep-nacional.com.br

Impresso na Leograf Gráfica e Editora - Setembro/2024

# MENSAGEM AO ALUNO

Querido aluno, querida aluna,

A Coleção **Eu gosto m@is** foi escrita pensando em você. Estudar com ela permitirá que você faça grandes descobertas sobre o mundo do conhecimento.

Agora, queremos lhe apresentar o *Caderno de alfabetização*. Nele, você realizará diferentes registros do alfabeto, das sílabas e das palavras.

Cuide bem de seu caderno e bom trabalho!

**As autoras**

# SUMÁRIO

| LIÇÃO | | PÁGINA | LIÇÃO | | PÁGINA |
|---|---|---|---|---|---|
| 1 | O alfabeto | 5 | 14 | Letra Q | 43 |
|   | As vogais | 7 | 15 | Letra R | 45 |
| 2 | Letra B | 15 | 16 | Letra S | 47 |
| 3 | Letra C | 17 | 17 | Letra T | 50 |
| 4 | Letra D | 20 | 18 | Letra V | 52 |
| 5 | Letra F | 22 | 19 | Letra W | 55 |
| 6 | Letra G | 25 | 20 | Letra X | 56 |
| 7 | Letra H | 27 | 21 | Letra Y | 58 |
| 8 | Letra J | 29 | 22 | Letra Z | 59 |
| 9 | Letra K | 32 | 23 | GUA – GUE – GUI | 62 |
| 10 | Letra L | 33 | 24 | CE – CI | 63 |
| 11 | Letra M | 35 | 25 | GE – GI | 64 |
| 12 | Letra N | 38 | 26 | Atividades de fixação | 65 |
| 13 | Letra P | 40 | | | |

# LIÇÃO 1

# O ALFABETO

O ALFABETO DA LÍNGUA PORTUGUESA É COMPOSTO DE 26 LETRAS:

- VOGAIS: A – E – I – O – U.
- CONSOANTES: B – C – D – F – G – H – J – L – M – N – P – Q – R – S – T – V – X – Z.
- E TRÊS LETRAS, K – W – Y, UTILIZADAS EM NOMES E PALAVRAS DE ORIGEM ESTRANGEIRA.

ANA
A  a
𝒜  𝒶

BICICLETA
B  b
ℬ  𝒷

CAVALO
C  c
𝒞  𝒸

DEDO
D  d
𝒟  𝒹

EDUARDO
E  e
ℰ  ℯ

FOCA
F  f
ℱ  𝒻

GALO
G  g
𝒢  ℊ

HIENA
H  h
ℋ  𝒽

IVAN
I  i
ℐ  𝒾

JACARÉ
J  j
𝒥  𝒿

KARINA
K  k
𝒦  𝓀

LUA
L  l
ℒ  𝓁

5

AS LETRAS PODEM SER DE **IMPRENSA** OU **CURSIVAS**, **MAIÚSCULAS** OU **MINÚSCULAS**.

**AS VOGAIS**

| | | | |
|---|---|---|---|
| A a | *A a* | | ANA *Ana* |
| E e | *E e* | | EDUARDO *Eduardo* |
| I i | *I i* | | IVAN *Ivan* |
| O o | *O o* | | OLÍVIA *Olívia* |
| U u | *U u* | | ULISSES *Ulisses* |

7

- OBSERVE A DIREÇÃO DAS SETAS NAS VOGAIS EM DESTAQUE. DEPOIS, CUBRA OS PONTILHADOS.

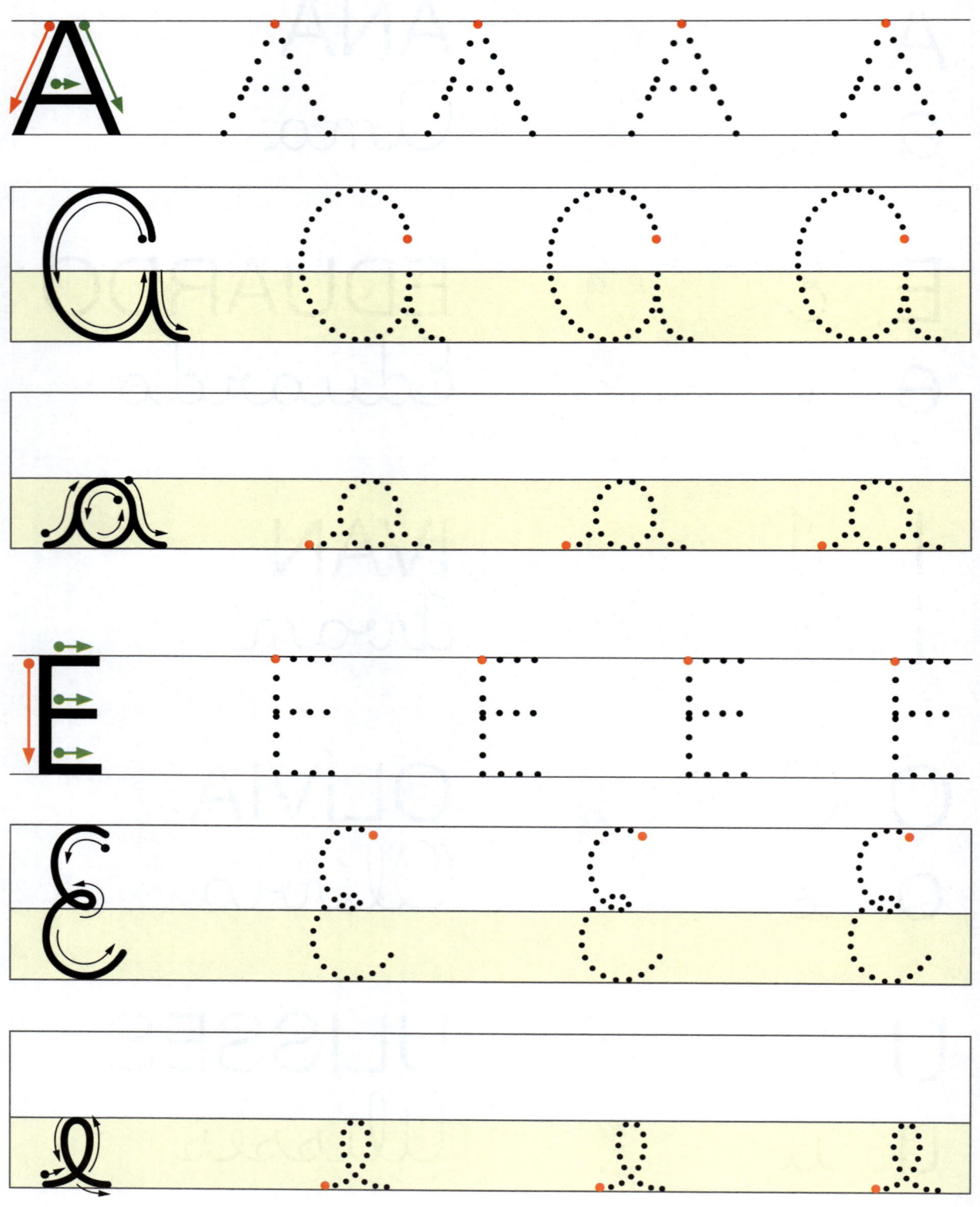

- OBSERVE A DIREÇÃO DAS SETAS NAS VOGAIS EM DESTAQUE. DEPOIS, CUBRA OS PONTILHADOS.

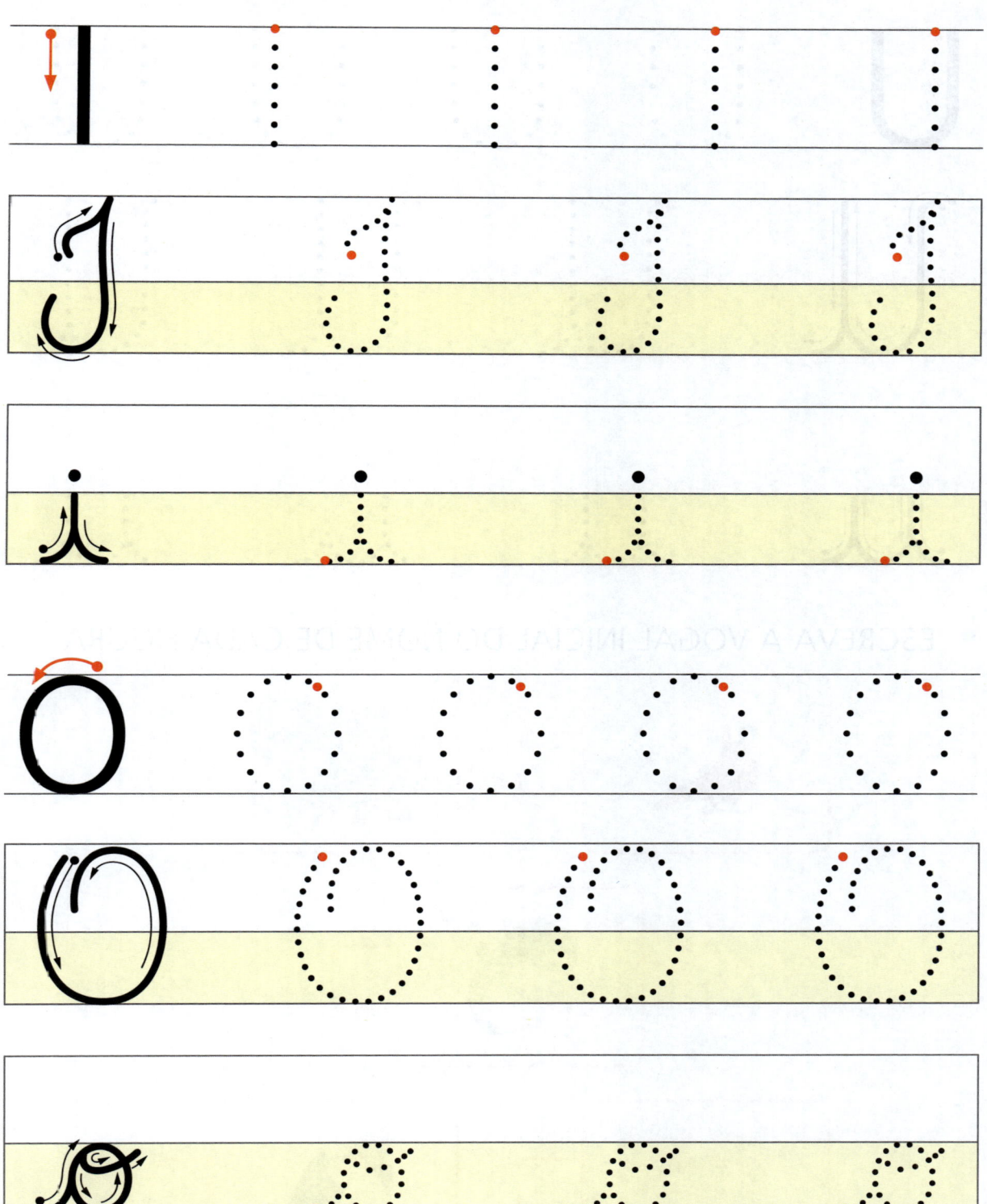

- OBSERVE A DIREÇÃO DAS SETAS NAS VOGAIS EM DESTAQUE. DEPOIS, CUBRA OS PONTILHADOS.

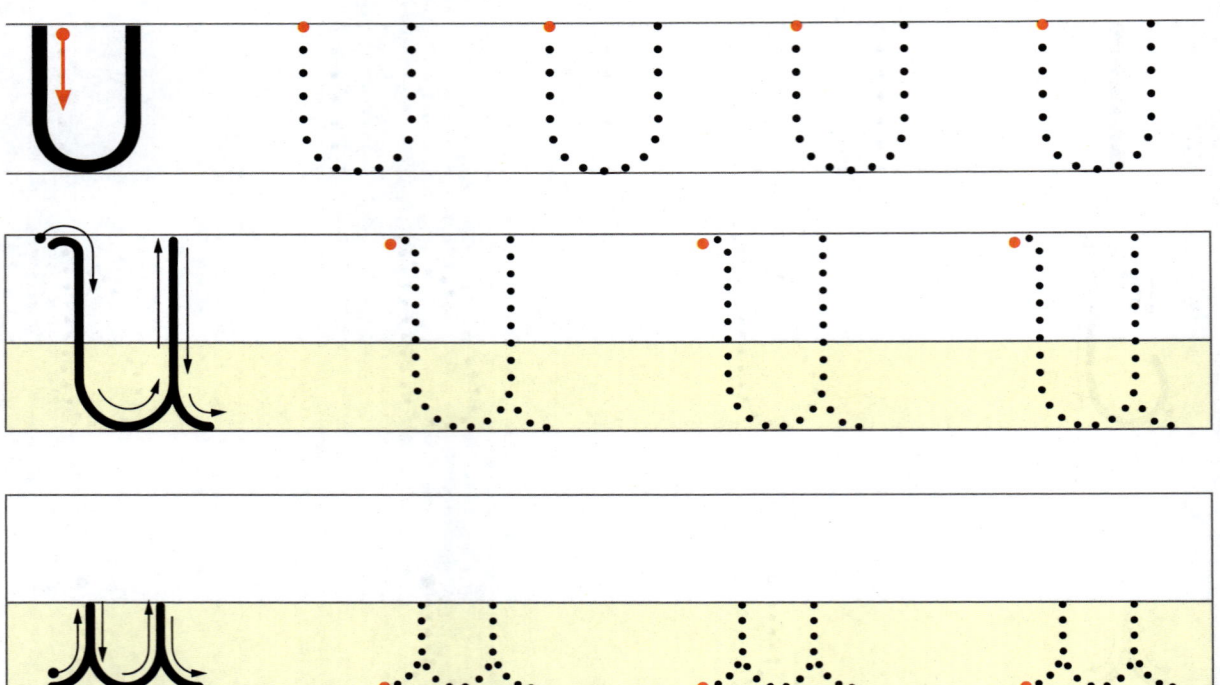

- ESCREVA A VOGAL INICIAL DO NOME DE CADA FIGURA.

- DESENHE, EM CADA QUADRO, UM OBJETO QUE TENHA O NOME INICIADO PELO SOM DA VOGAL EM DESTAQUE.

- LIGUE AS FIGURAS QUE TENHAM O NOME INICIADO COM O MESMO SOM. DEPOIS, COPIE CADA NOME E DESTAQUE A LETRA INICIAL DELE.

- COMPLETE AS PALAVRAS COM AS VOGAIS QUE ESTÃO FALTANDO.

 ___bajur    ___vo

 ___va    ___ma

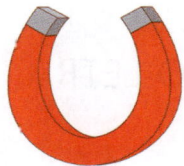 ___mã   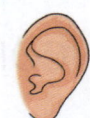 ___relha

 ___m    ___doso

 ___bóbora    ___difício

 ___ca    ___vião

13

- JUNTE AS VOGAIS E FORME OS ENCONTROS VOCÁLICOS.

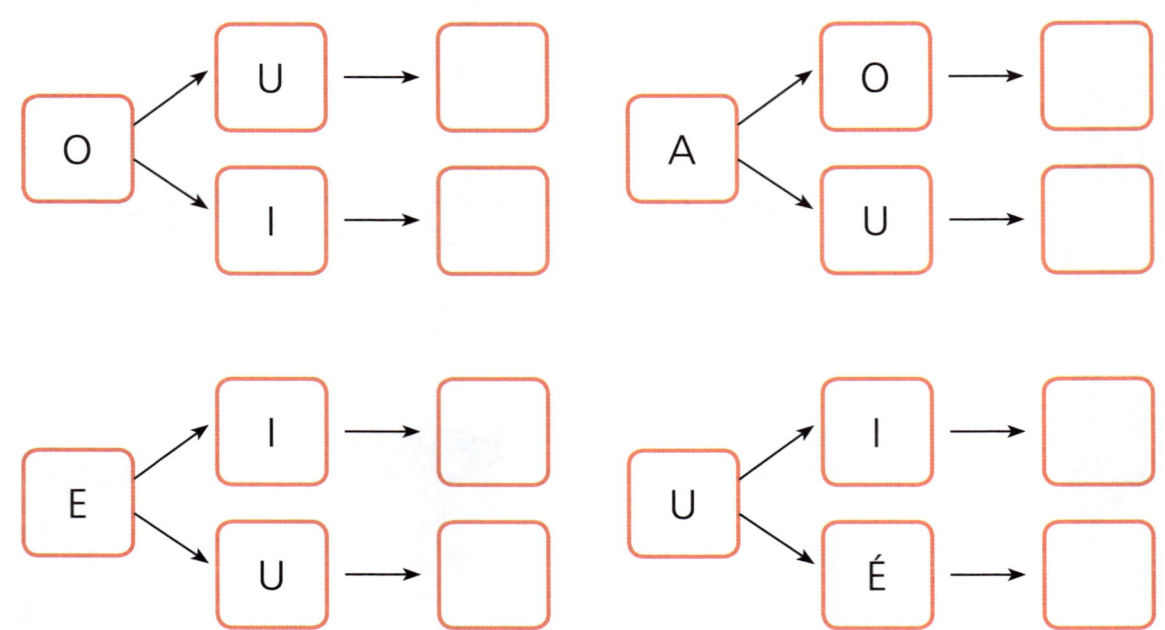

- LEIA E COPIE OS ENCONTROS VOCÁLICOS USANDO LETRA CURSIVA.

AI → ai

OI → oi

EI → ei

UI → ui

AU → au

OU → ou

EU → eu

UAI → uai

# LIÇÃO 2

## LETRA B

**B**ICICLETA   B b   *B b*

| ba | be | bi | bo | bu |
|----|----|----|----|----|
| *ba* | *be* | *bi* | *bo* | *bu* |
| BA | BE | BI | BO | BU |
| *Ba* | *Be* | *Bi* | *Bo* | *Bu* |

- JUNTE A LETRA **B** ÀS VOGAIS E ESCREVA AS SÍLABAS QUE VOCÊ FORMOU EM LETRA DE IMPRENSA MAIÚSCULA E, DEPOIS, EM LETRA CURSIVA MINÚSCULA.

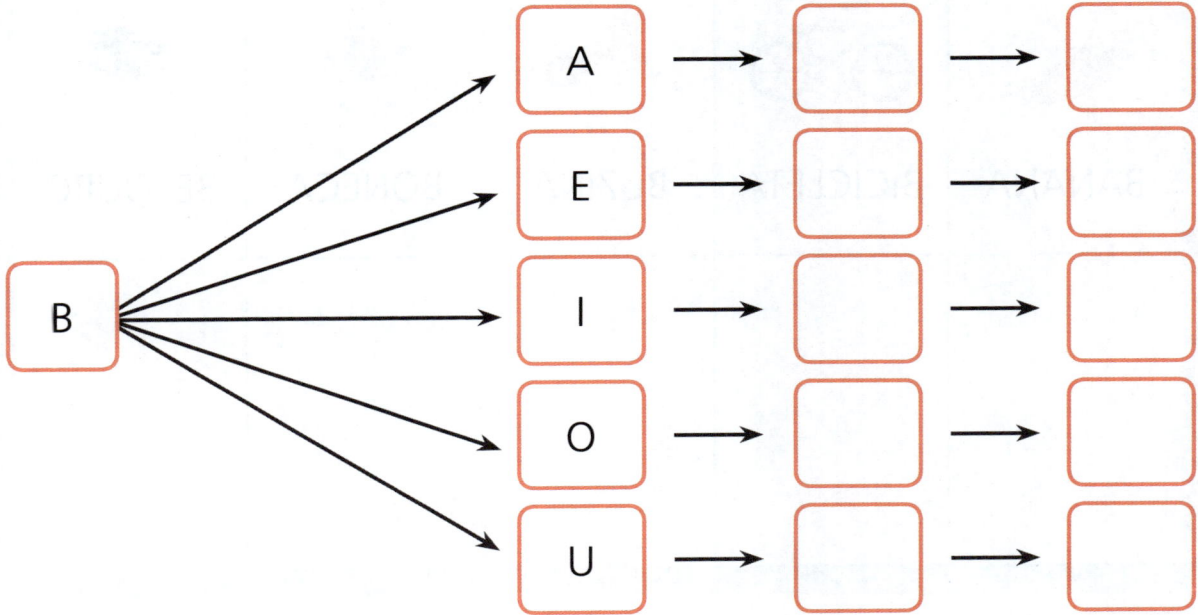

- CUBRA OS PONTILHADOS. DEPOIS, COPIE AS SÍLABAS.

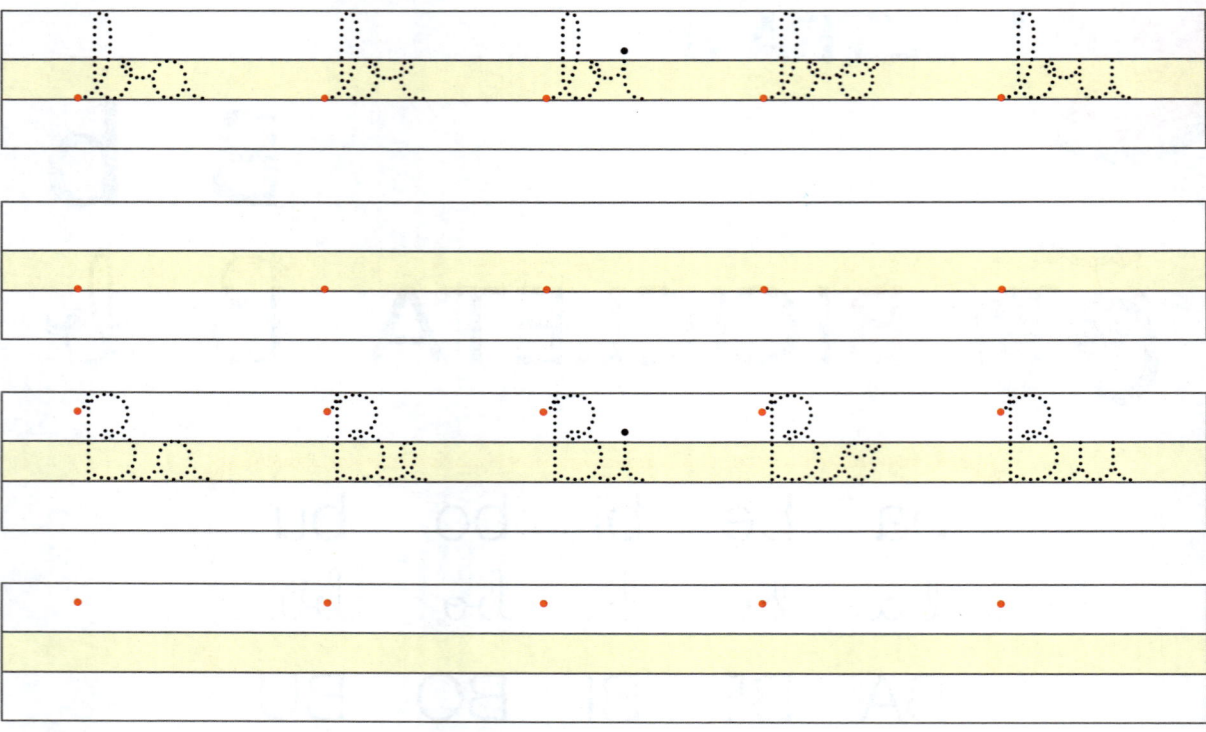

- PINTE A SÍLABA INICIAL DO NOME DA IMAGEM. DEPOIS, COPIE ESSA SÍLABA NO QUADRO DE BAIXO.

| BANANA | BICICLETA | BUZINA | BONECA | BESOURO |

# LIÇÃO 3

## LETRA C

C c
C c

**C**AVALO

| ca | co | cu |
|----|----|----|
| ca | co | cu |
| CA | CO | CU |
| Ca | Co | Cu |

- JUNTE A LETRA C ÀS VOGAIS E ESCREVA AS SÍLABAS QUE VOCÊ FORMOU EM LETRA DE IMPRENSA MAIÚSCULA E, DEPOIS, EM LETRA CURSIVA MINÚSCULA.

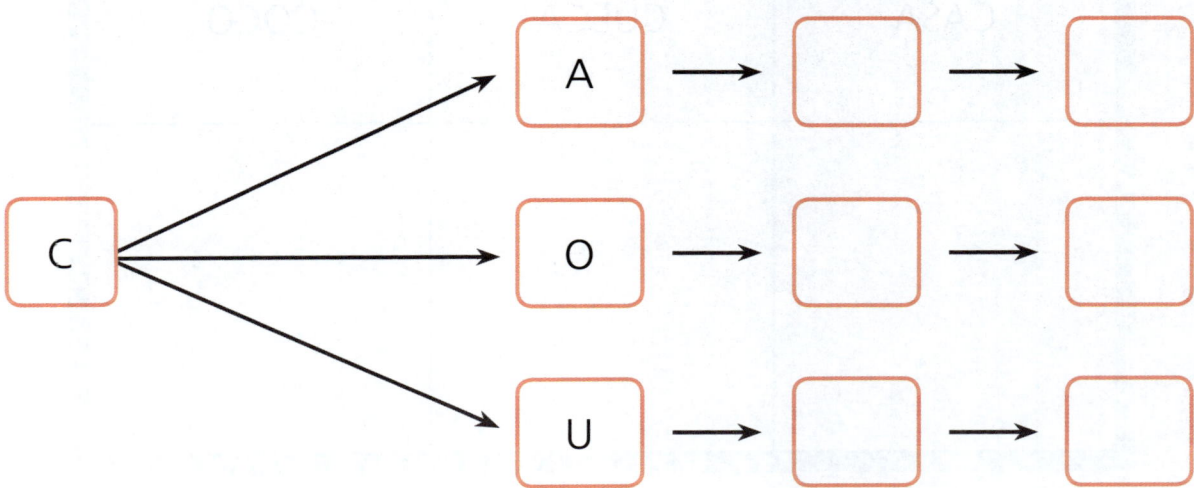

17

- CUBRA OS PONTILHADOS. DEPOIS, COPIE AS SÍLABAS.

- PINTE A SÍLABA INICIAL DO NOME DA IMAGEM. DEPOIS, COPIE ESSA SÍLABA NO QUADRO DE BAIXO.

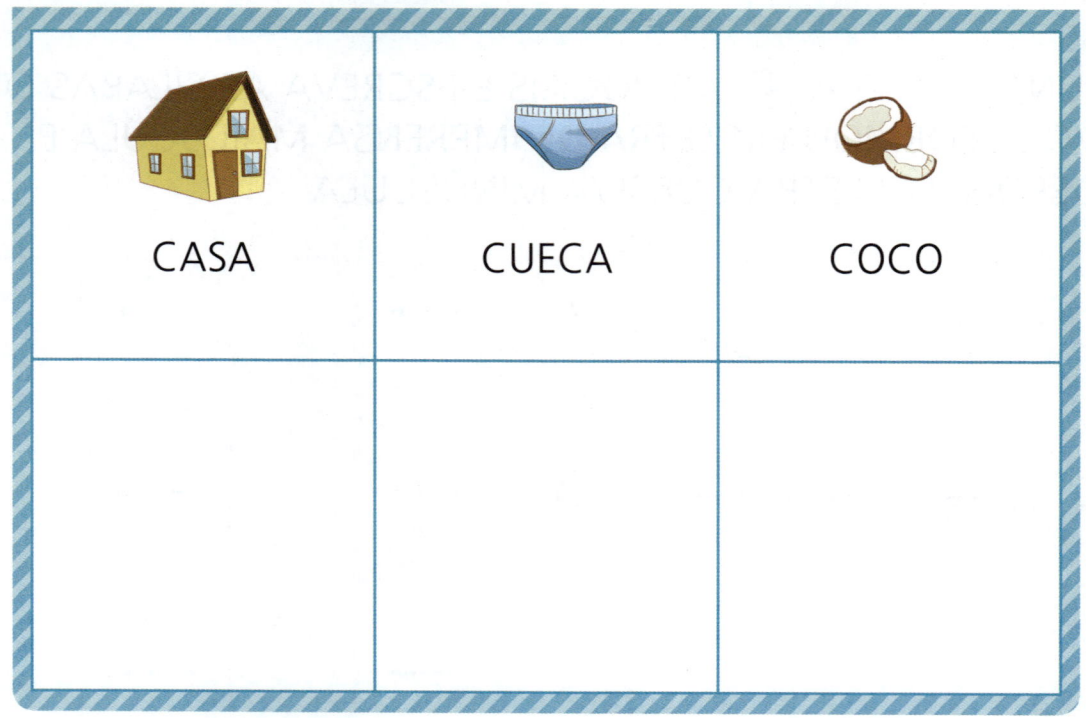

| CASA | CUECA | COCO |

- COMPLETE AS PALAVRAS COM UMA DAS SÍLABAS DO QUADRO. DEPOIS, COPIE A PALAVRA FORMADA.

| BA | BE | BI | BO | BU |
|---|---|---|---|---|

_____LA – ____________________ _____CO – ____________________

_____LO – ____________________ _____BI – ____________________

_____LE – ____________________ _____LA – ____________________

_____FE – ____________________ _____BÊ – ____________________

| CA | CO | CU |
|---|---|---|

_____LA – ____________________ _____BO – ____________________

_____BO – ____________________ _____CO – ____________________

_____MA – ____________________ _____FÉ – ____________________

- JUNTE AS SÍLABAS E FORME PALAVRAS.

BO → CA → [ ]
BO → LA → [ ]

CA → BO → [ ]
CA → CO → [ ]

CU → BO → [ ]
CU → CO → [ ]

BI → CO → [ ]
BI → CA → [ ]

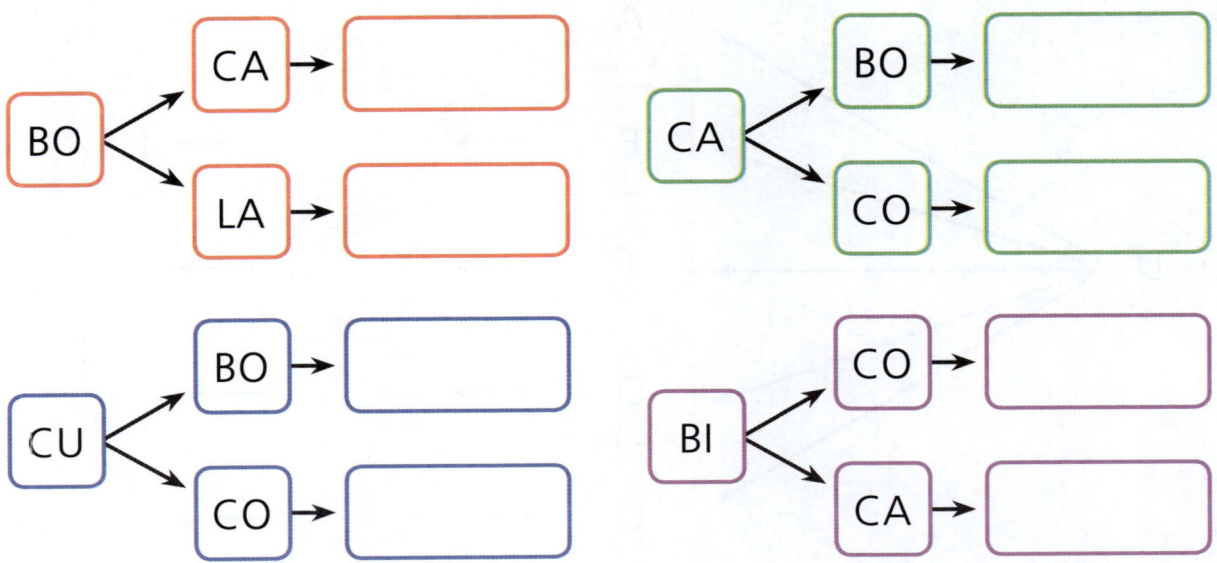

## LIÇÃO 4 — LETRA D

**D**EDO

| da | de | di | do | du |
|----|----|----|----|----|
| da | de | di | do | du |
| DA | DE | DI | DO | DU |
| Da | De | Di | Do | Du |

- JUNTE A LETRA D ÀS VOGAIS E ESCREVA AS SÍLABAS QUE VOCÊ FORMOU EM LETRA DE IMPRENSA MAIÚSCULA E, DEPOIS, EM LETRA CURSIVA MINÚSCULA.

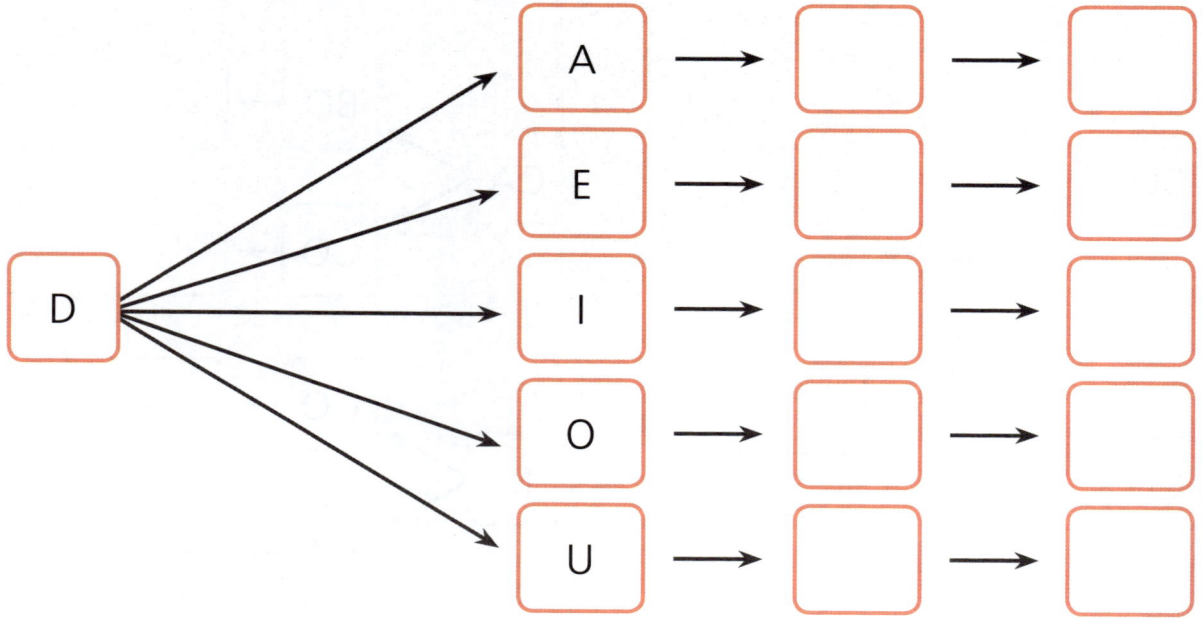

- CUBRA OS PONTILHADOS. DEPOIS, COPIE AS SÍLABAS.

da de di do du

Da De Di Do Du

- PINTE A SÍLABA INICIAL DO NOME DA IMAGEM. DEPOIS, COPIE ESSA SÍLABA NO QUADRO DE BAIXO.

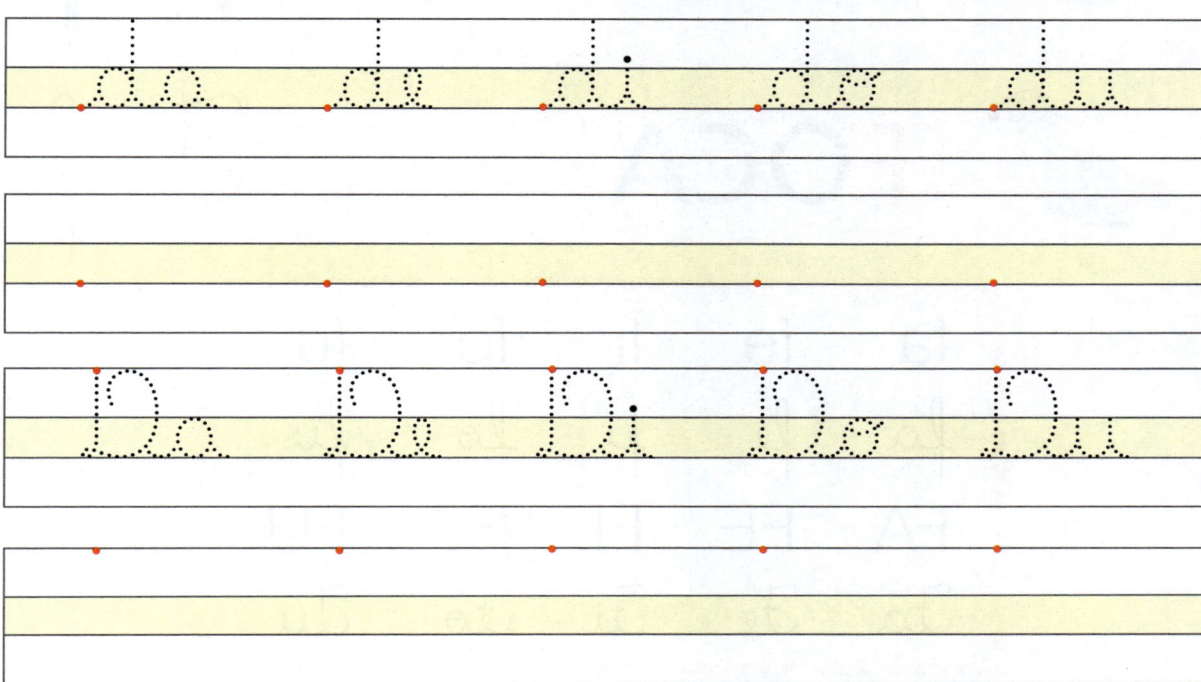

| DEDO | DOMINÓ | DADO | DUDU | DIA |
|---|---|---|---|---|
|  |  |  |  |  |

## LETRA F

**F**OCA

| fa | fe | fi | fo | fu |
|----|----|----|----|----|
| fa | fe | fi | fo | fu |
| FA | FE | FI | FO | FU |
| Fa | Fe | Fi | Fo | Fu |

- JUNTE A LETRA **F** ÀS VOGAIS E ESCREVA AS SÍLABAS QUE VOCÊ FORMOU EM LETRA DE IMPRENSA MAIÚSCULA E, DEPOIS, EM LETRA CURSIVA MINÚSCULA.

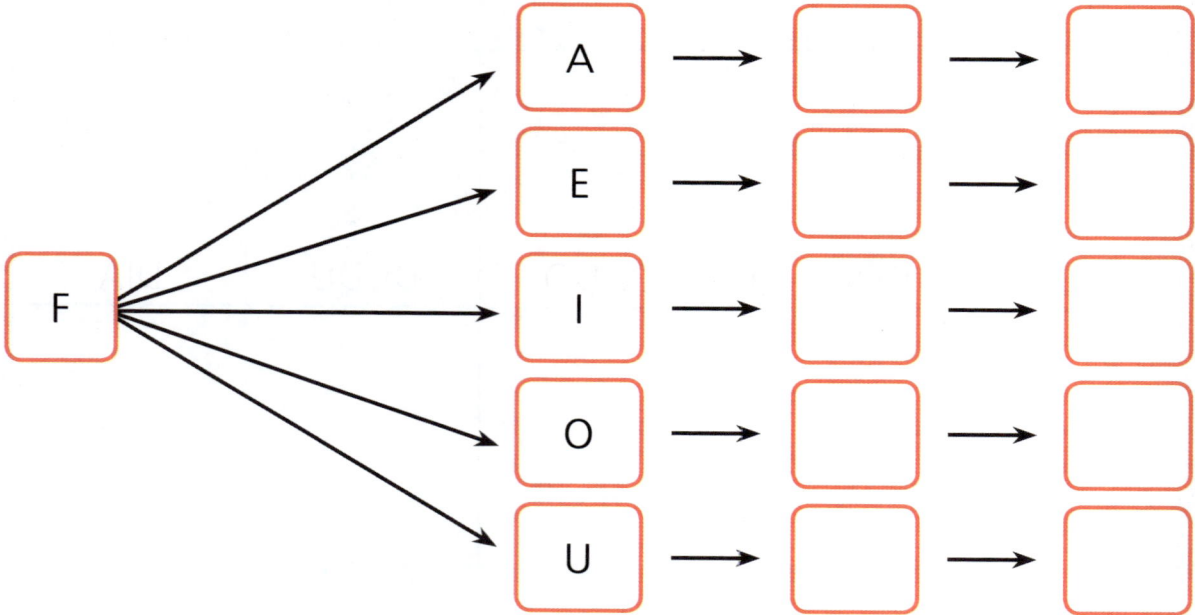

- CUBRA OS PONTILHADOS. DEPOIS, COPIE AS SÍLABAS.

*fa    fe    fi    fo    fu*

*Fa    Fe    Fi    Fo    Fu*

- PINTE A SÍLABA INICIAL DO NOME DA IMAGEM. DEPOIS, COPIE ESSA SÍLABA NO QUADRO DE BAIXO.

| 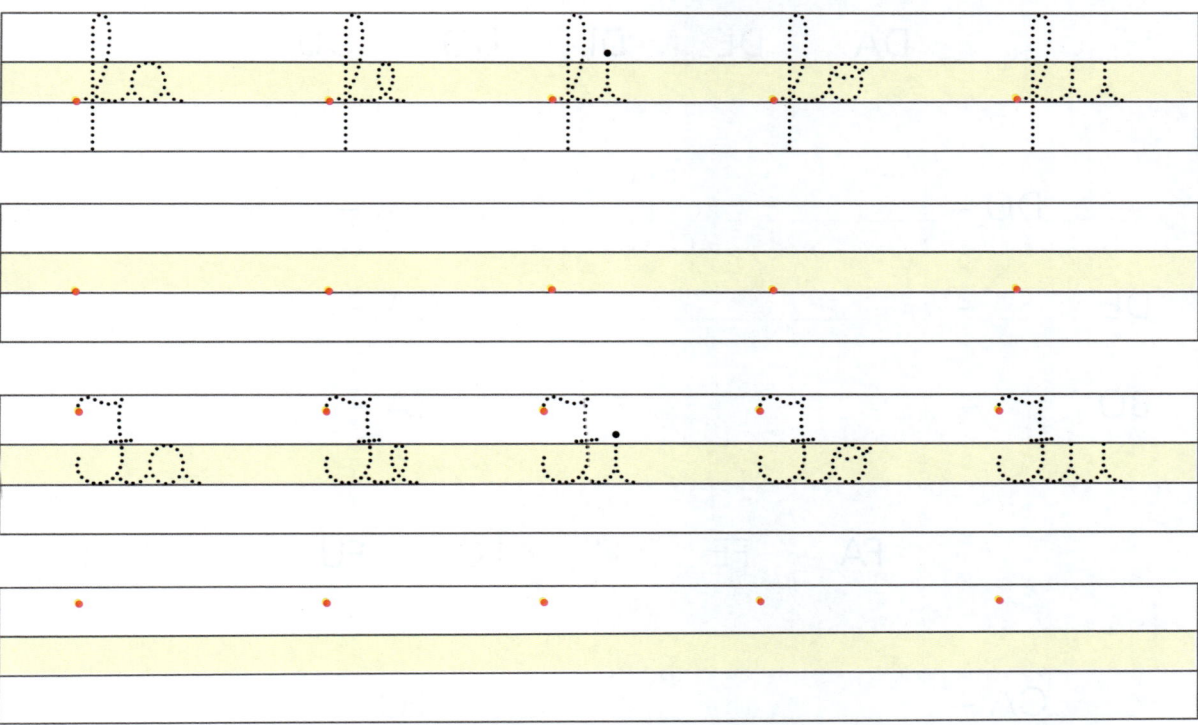 | | | | |
|---|---|---|---|---|
| FUNIL | FACA | FOCA | FITA | FECHADURA |
| | | | | |

- COMPLETE AS PALAVRAS COM UMA DAS SÍLABAS DO QUADRO. DEPOIS, COPIE A PALAVRA FORMADA.

| DA | DE | DI | DO | DU |
|---|---|---|---|---|

_____DO – ______________ _____DA – ______________

DE_____ – ______________ _____CA – ______________

BO_____ – ______________ _____TA – ______________

| FA | FE | FI | FO | FU |
|---|---|---|---|---|

_____CA – ______________ _____TO – ______________

_____CA – ______________ _____LA – ______________

_____RO – ______________ _____FE – ______________

- LIGUE AS SÍLABAS E FORME PALAVRAS.

FA → CA → [ ]
FA → DA → [ ]

FI → TA → [ ]
FI → CA → [ ]

FU → BÁ → [ ]

DO → NO → [ ]

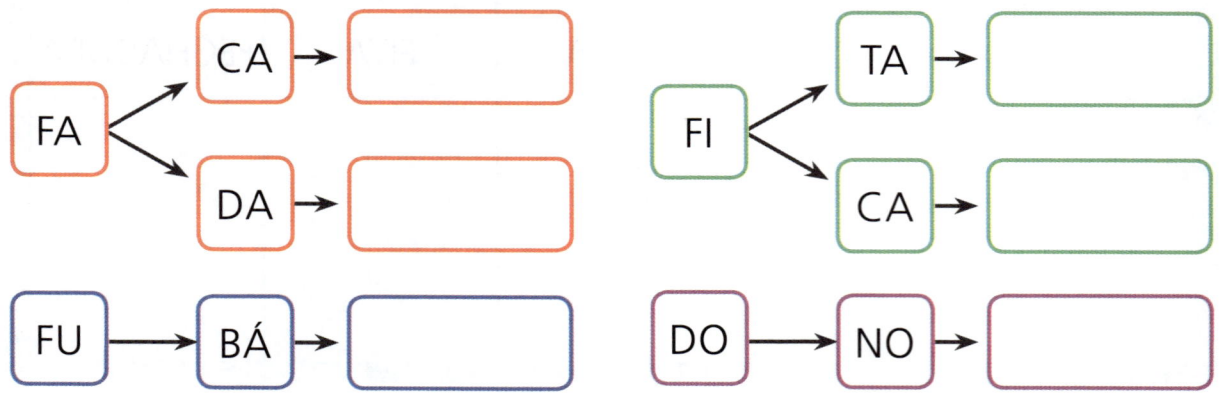

## LIÇÃO 6 — LETRA G

 GALO

G g
*G g* (cursiva)

| ga | go | gu |
|----|----|----|
| *ga* | *go* | *gu* |
| GA | GO | GU |
| *Ga* | *Go* | *Gu* |

- JUNTE A LETRA G ÀS VOGAIS E ESCREVA AS SÍLABAS QUE VOCÊ FORMOU EM LETRA DE IMPRENSA MAIÚSCULA E, DEPOIS, EM LETRA CURSIVA MINÚSCULA.

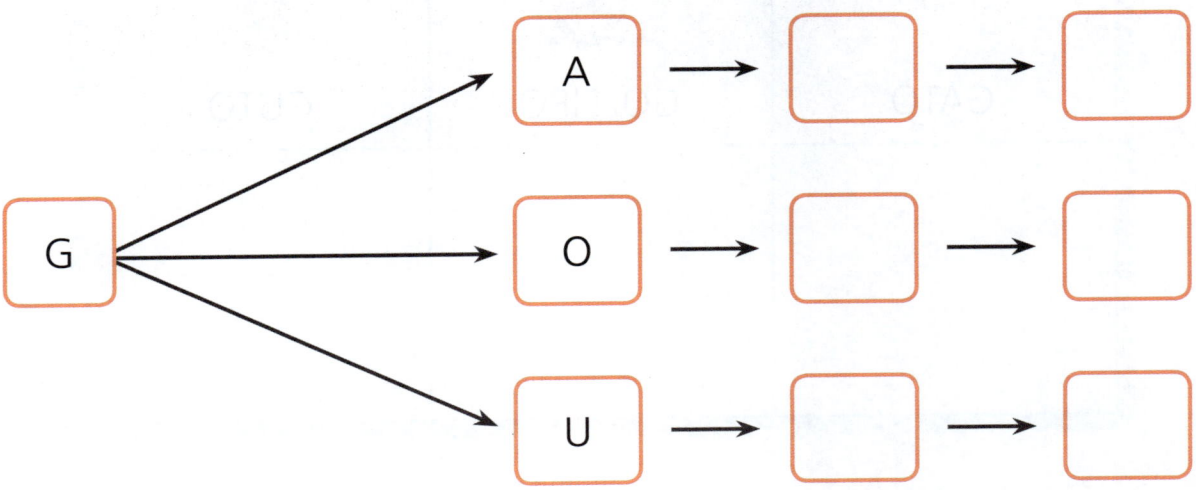

25

- CUBRA OS PONTILHADOS. DEPOIS, COPIE AS SÍLABAS.

- PINTE A SÍLABA INICIAL DO NOME DA IMAGEM. DEPOIS, COPIE ESSA SÍLABA NO QUADRO DE BAIXO.

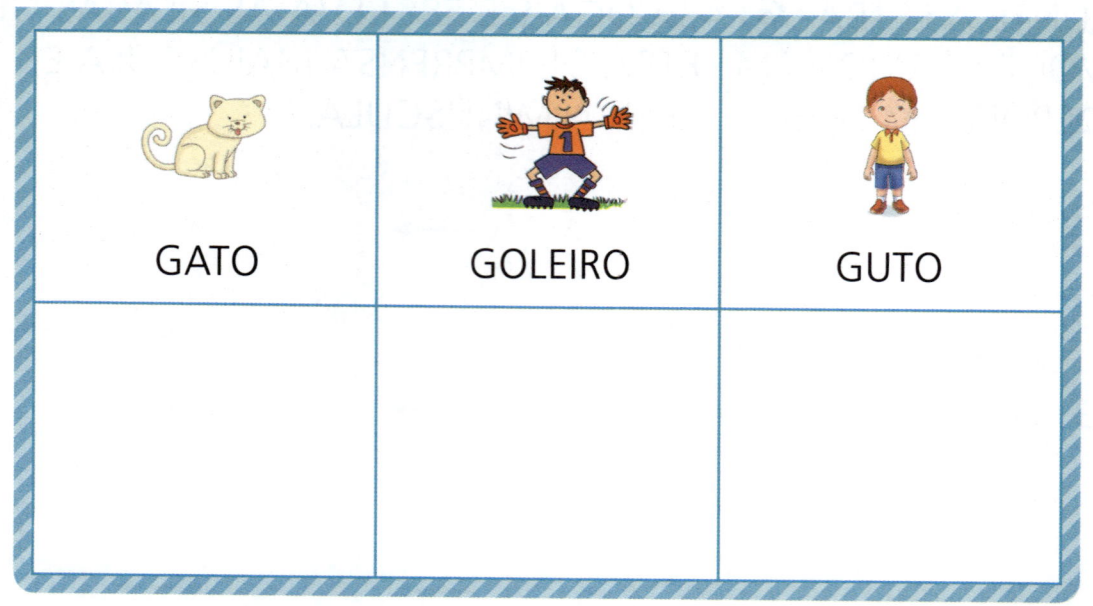

## LIÇÃO 7

## LETRA H

H h

  HIENA

| ha | he | hi | ho | hu |
|----|----|----|----|----|
| ha | he | hi | ho | hu |
| HA | HE | HI | HO | HU |
| Ha | He | Hi | Ho | Hu |

- CUBRA OS PONTILHADOS. DEPOIS, COPIE AS SÍLABAS.

ha  he  hi  ho  hu

Ha  He  Hi  Ho  Hu

27

- ACOMPANHE A LEITURA DOS NOMES QUE SEU PROFESSOR FARÁ. DEPOIS, COPIE ESSES NOMES.

## LIÇÃO 8

## LETRA J

 **J**ACARÉ

| ja | je | ji | jo | ju |
|----|----|----|----|----|
| ja | je | ji | jo | ju |
| JA | JE | JI | JO | JU |
| Ja | Je | Ji | Jo | Ju |

- JUNTE A LETRA J ÀS VOGAIS E ESCREVA AS SÍLABAS QUE VOCÊ FORMOU EM LETRA DE IMPRENSA MAIÚSCULA E, DEPOIS, EM LETRA CURSIVA MINÚSCULA.

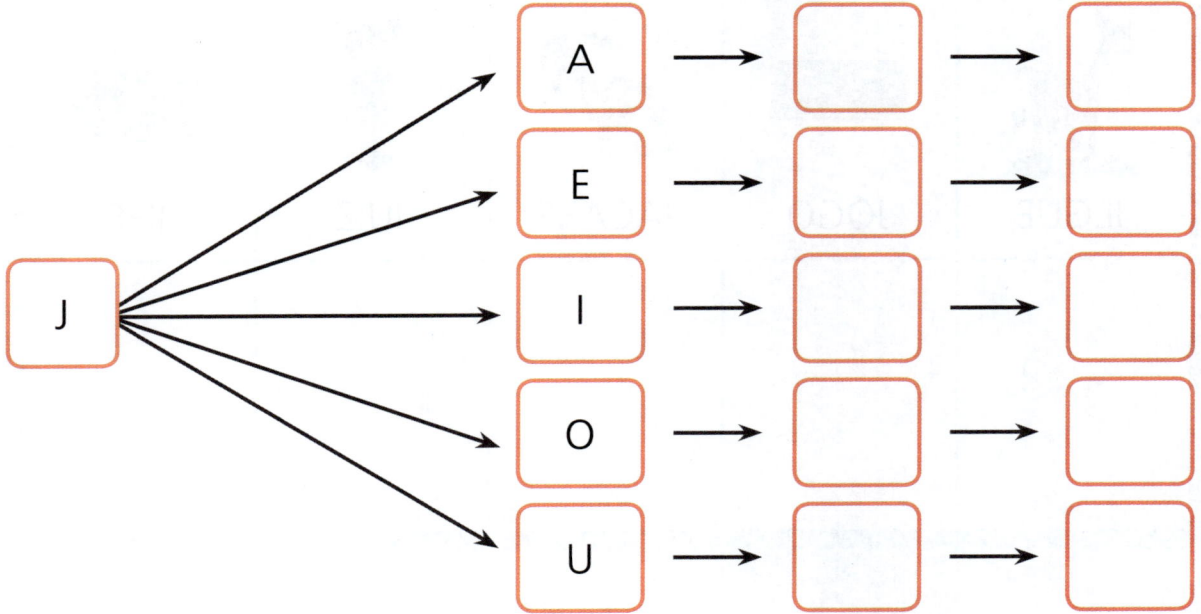

29

- CUBRA OS PONTILHADOS. DEPOIS, COPIE AS SÍLABAS.

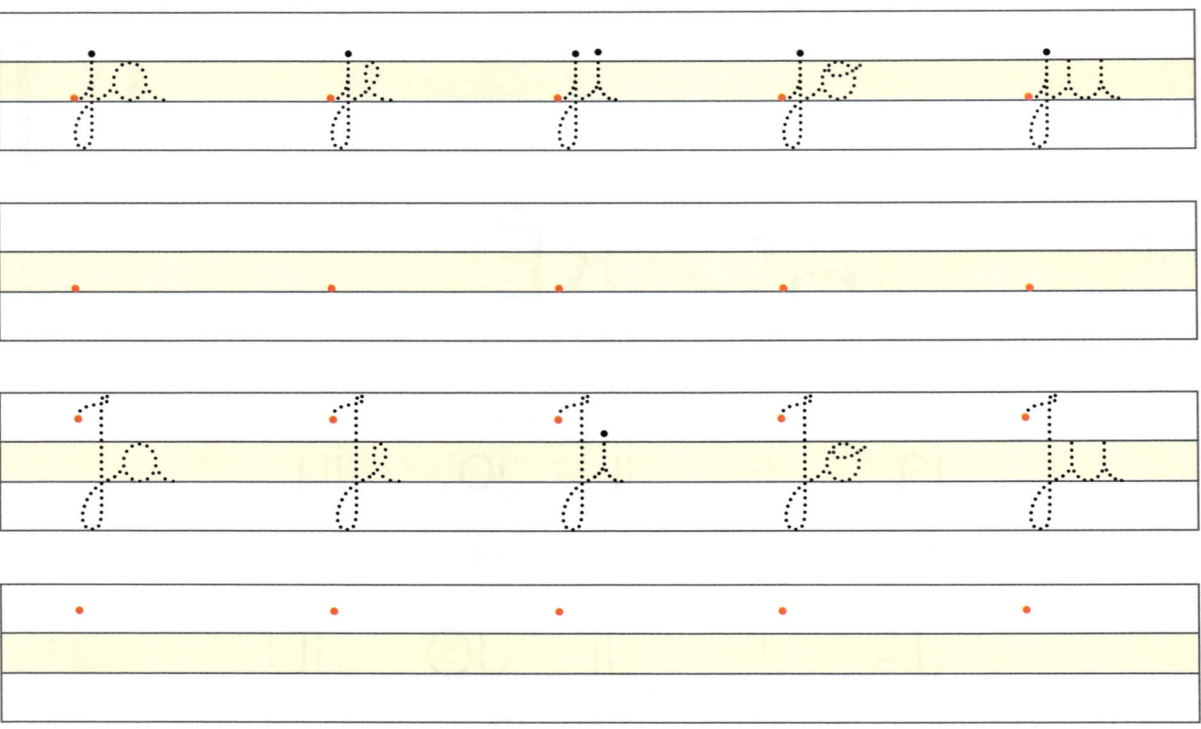

- PINTE A SÍLABA INICIAL DO NOME DA IMAGEM. DEPOIS, COPIE ESSA SÍLABA NO QUADRO DE BAIXO.

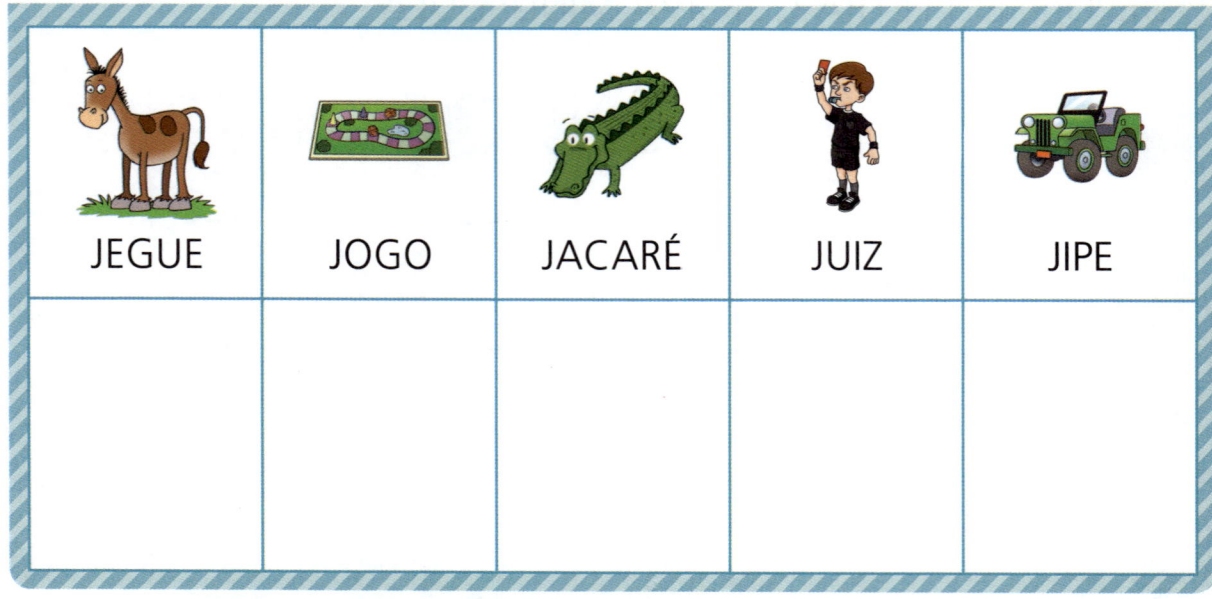

| JEGUE | JOGO | JACARÉ | JUIZ | JIPE |

- COMPLETE AS PALAVRAS COM UMA DAS SÍLABAS DO QUADRO. DEPOIS, COPIE A PALAVRA FORMADA.

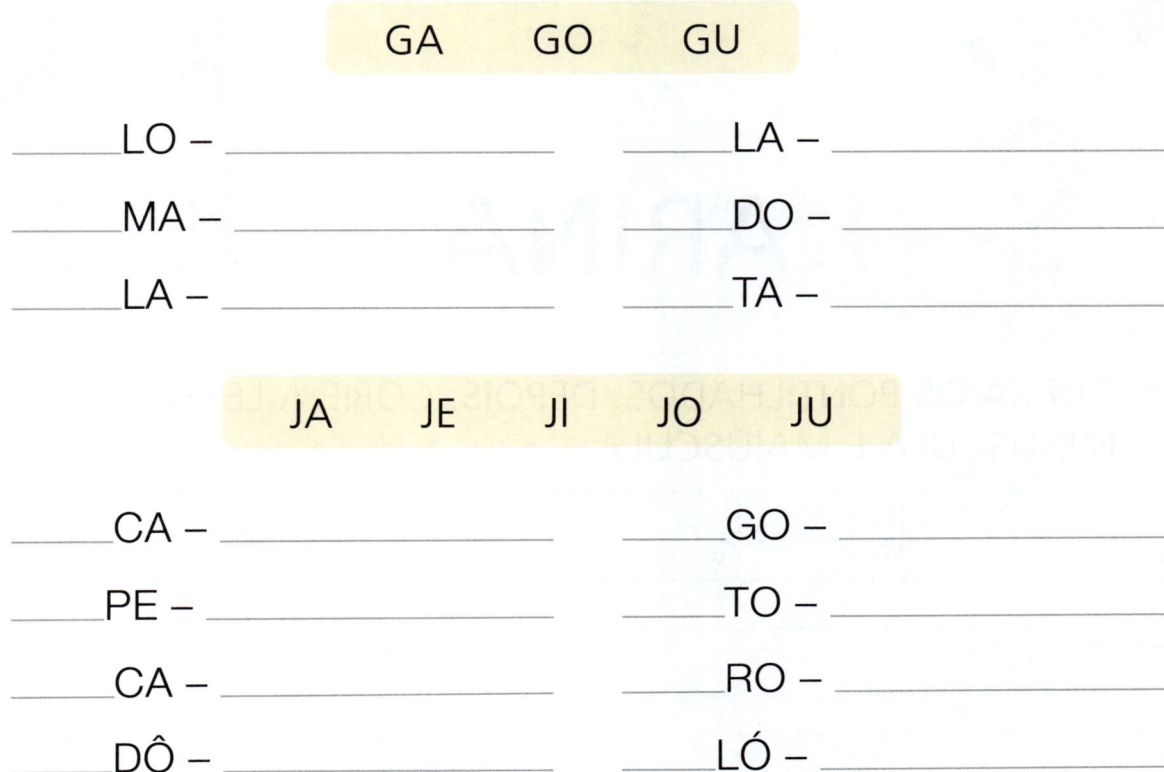

- JUNTE AS SÍLABAS E FORME PALAVRAS.

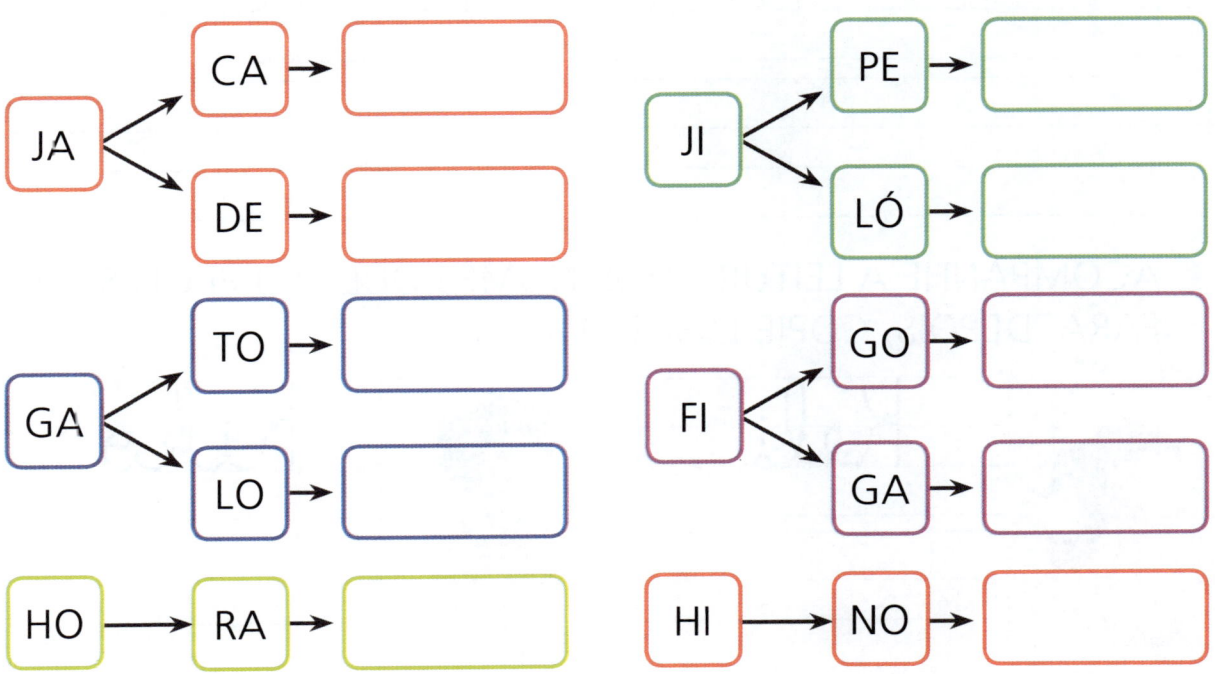

## LIÇÃO 9 — LETRA K

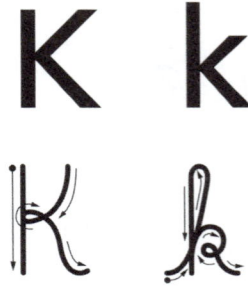

**K**ARINA

- CUBRA OS PONTILHADOS. DEPOIS, COPIE A LETRA MINÚSCULA E MAIÚSCULA.

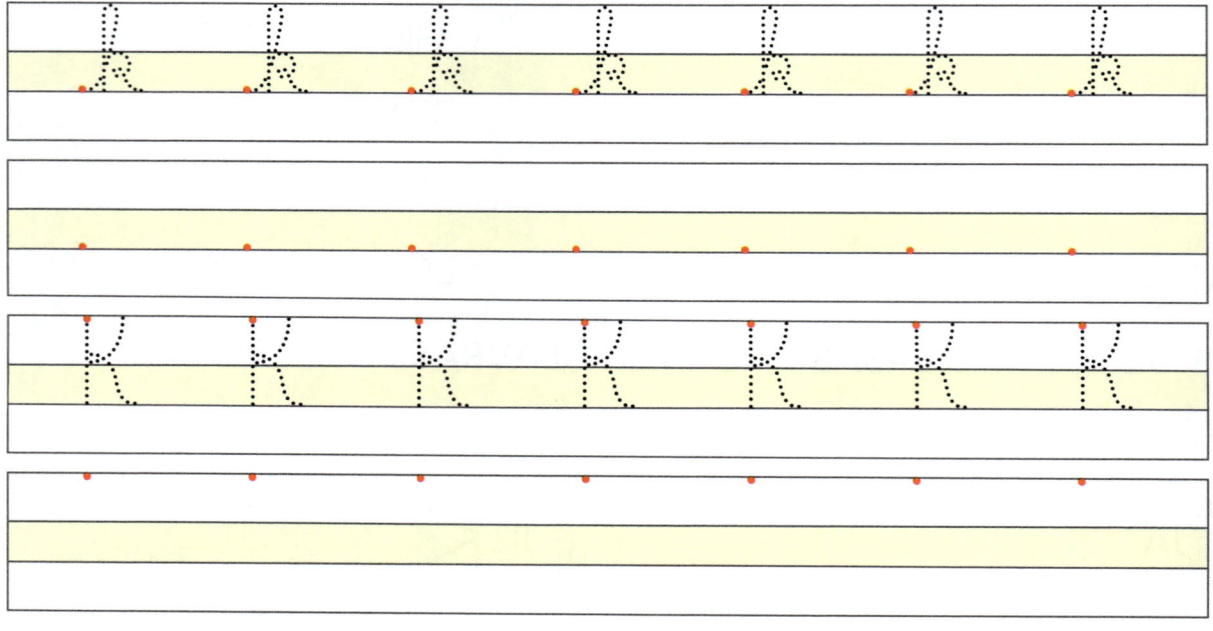

- ACOMPANHE A LEITURA DOS NOMES QUE SEU PROFESSOR FARÁ. DEPOIS, COPIE ESSES NOMES.

**LIÇÃO 10**

**LETRA L**

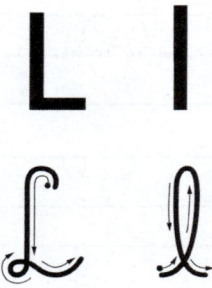

LUA

|  |  |  |  |  |
|---|---|---|---|---|
| la | le | li | lo | lu |
| la | le | li | lo | lu |
| LA | LE | LI | LO | LU |
| La | Le | Li | Lo | Lu |

- JUNTE A LETRA J ÀS VOGAIS E ESCREVA AS SÍLABAS QUE VOCÊ FORMOU EM LETRA DE IMPRENSA MAIÚSCULA E, DEPOIS, EM LETRA CURSIVA MINÚSCULA.

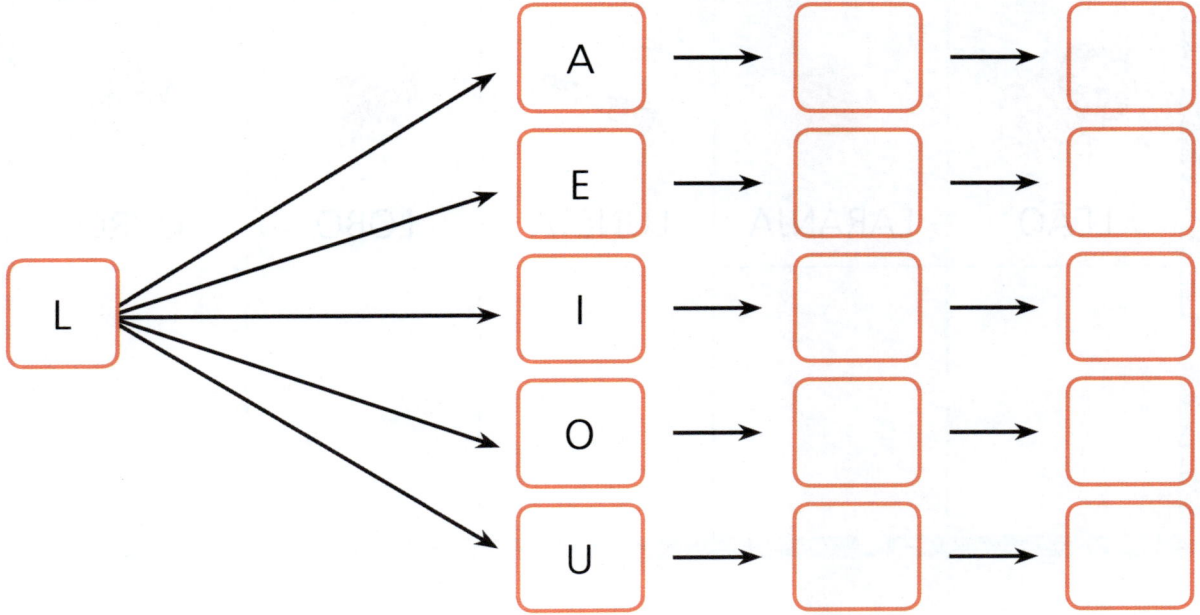

- CUBRA OS PONTILHADOS. DEPOIS, COPIE AS SÍLABAS.

la  le  li  lo  lu

La  Le  Li  Lo  Lu

- PINTE A SÍLABA INICIAL DO NOME DA IMAGEM. DEPOIS, COPIE ESSA SÍLABA NO QUADRO DE BAIXO.

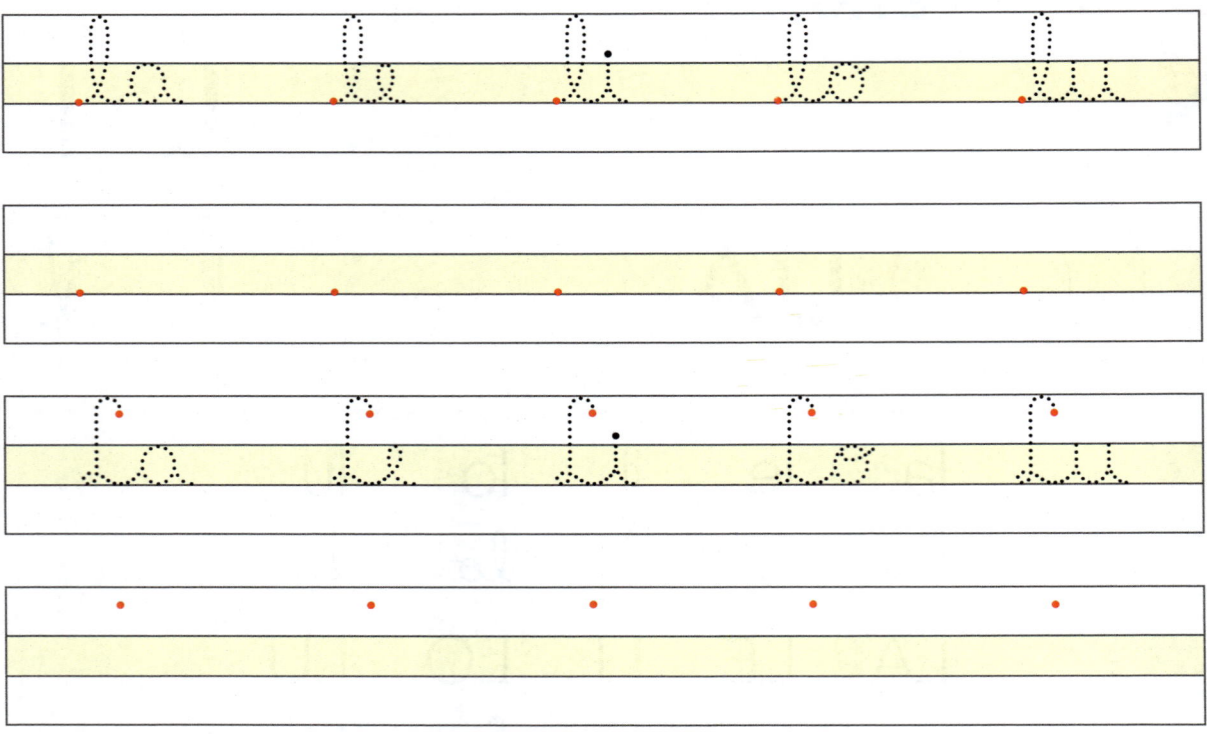

| LEÃO | LARANJA | LUNETA | LOBO | LIVRO |
|---|---|---|---|---|
|  |  |  |  |  |

34

## LIÇÃO 11 — LETRA M

M m

  MACACO

| ma | me | mi | mo | mu |
|----|----|----|----|----|
| ma | me | mi | mo | mu |
| MA | ME | MI | MO | MU |
| Ma | Me | Mi | Mo | Mu |

• JUNTE A LETRA M ÀS VOGAIS E ESCREVA AS SÍLABAS QUE VOCÊ FORMOU EM LETRA DE IMPRENSA MAIÚSCULA E, DEPOIS, EM LETRA CURSIVA MINÚSCULA.

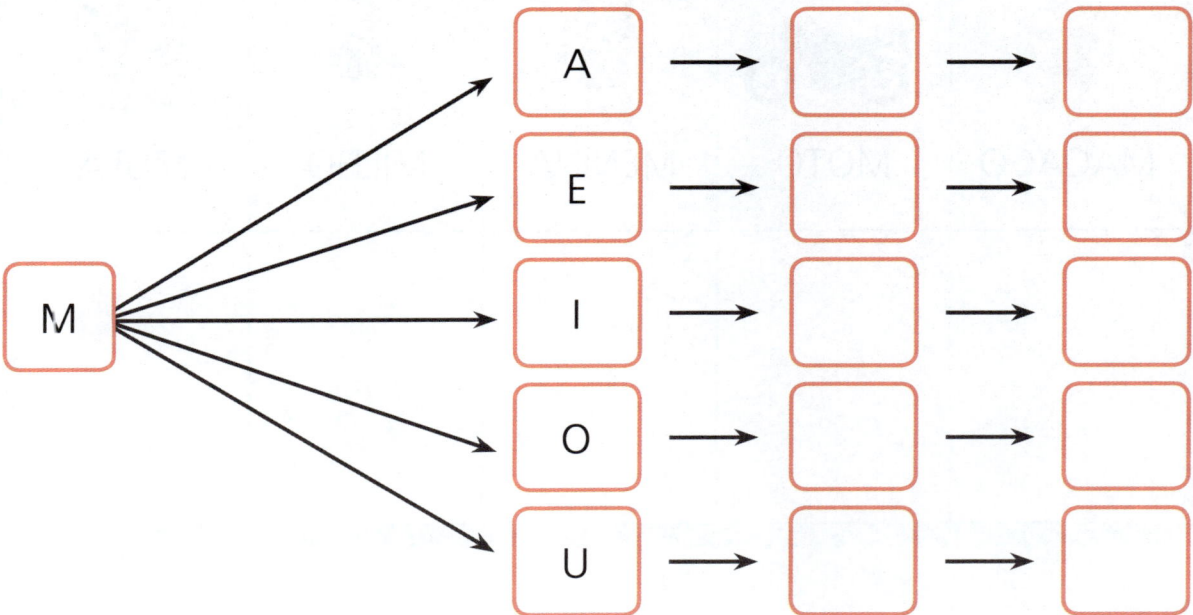

35

- CUBRA OS PONTILHADOS. DEPOIS, COPIE AS SÍLABAS.

- PINTE A SÍLABA INICIAL DO NOME DA IMAGEM. DEPOIS, COPIE ESSA SÍLABA NO QUADRO DE BAIXO.

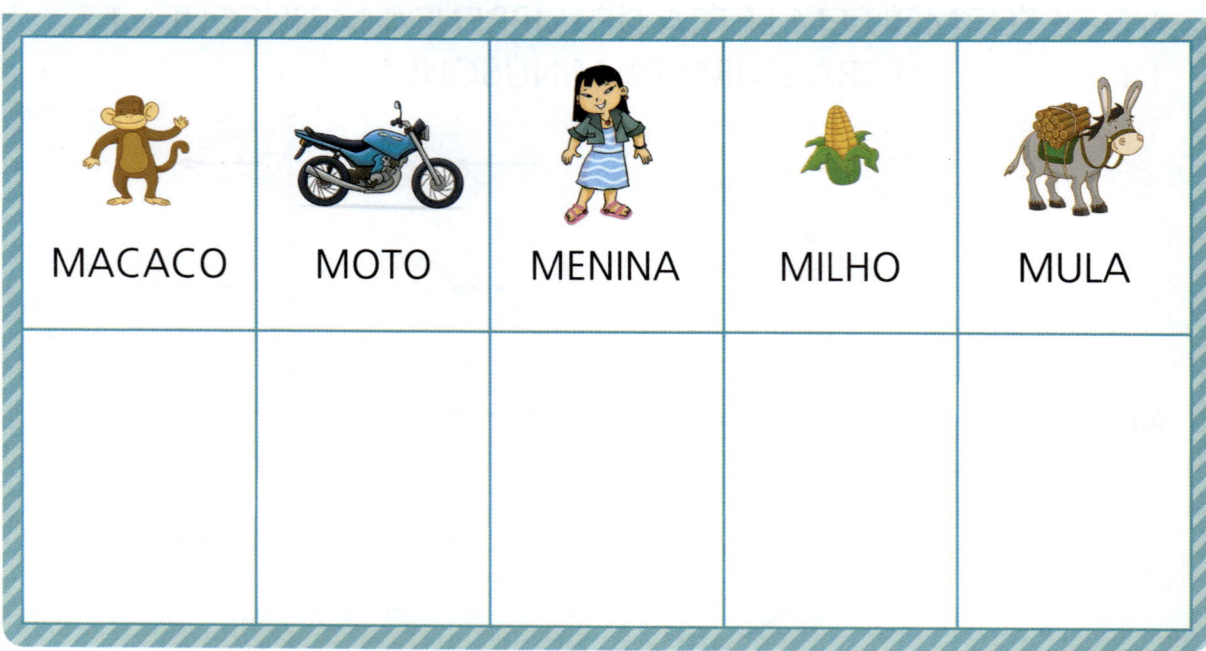

- COMPLETE AS PALAVRAS COM UMA DAS SÍLABAS DO QUADRO. DEPOIS, COPIE A PALAVRA FORMADA.

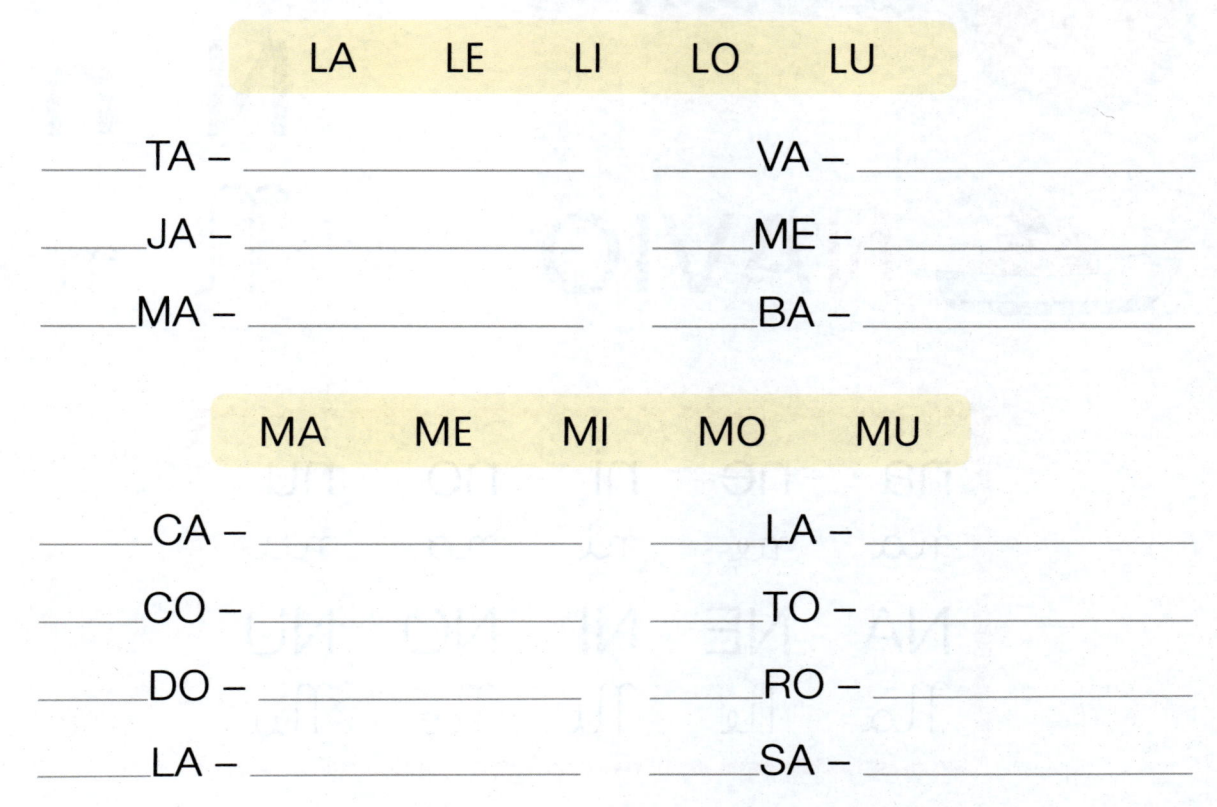

LA   LE   LI   LO   LU

_____TA – _____          _____VA – _____

_____JA – _____          _____ME – _____

_____MA – _____          _____BA – _____

MA   ME   MI   MO   MU

_____CA – _____          _____LA – _____

_____CO – _____          _____TO – _____

_____DO – _____          _____RO – _____

_____LA – _____          _____SA – _____

- JUNTE AS SÍLABAS E FORME PALAVRAS.

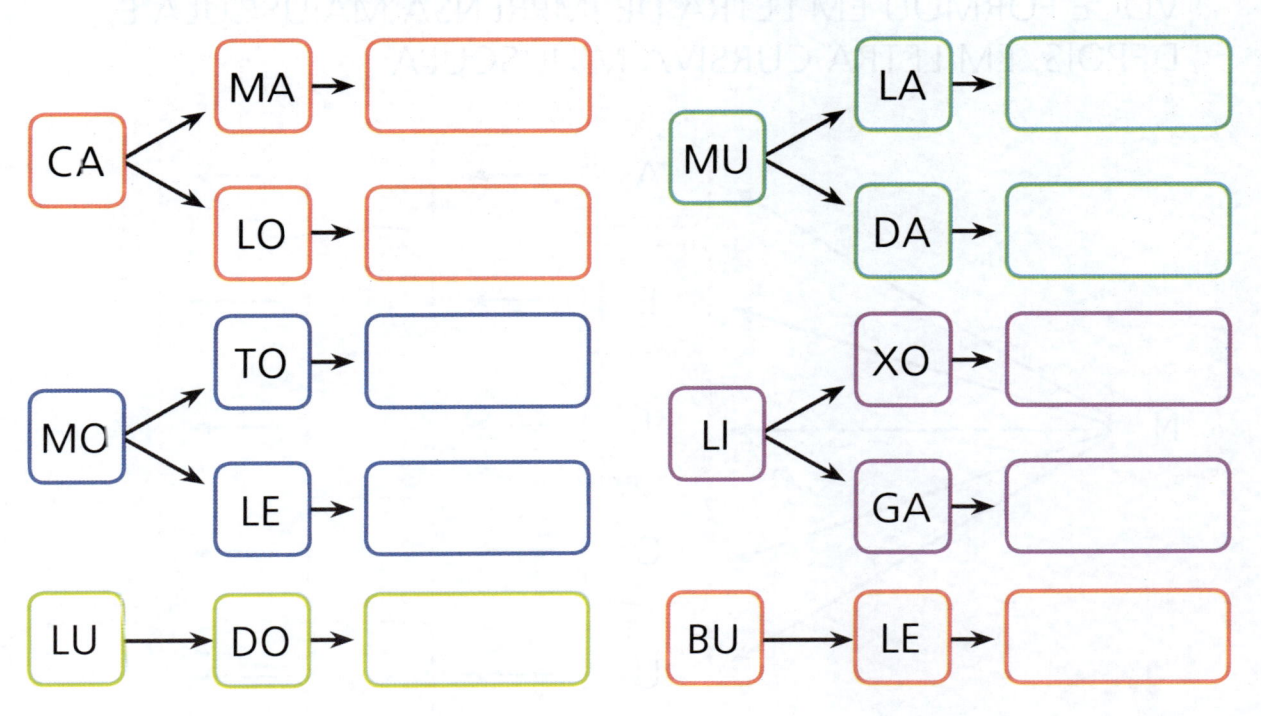

CA → MA → ☐
CA → LO → ☐

MU → LA → ☐
MU → DA → ☐

MO → TO → ☐
MO → LE → ☐

LI → XO → ☐
LI → GA → ☐

LU → DO → ☐

BU → LE → ☐

37

**LIÇÃO 12**

## LETRA N

**N** n

**NAVIO**

|  na  |  ne  |  ni  |  no  |  nu  |
|------|------|------|------|------|
|  na  |  ne  |  ni  |  no  |  nu  |
|  NA  |  NE  |  NI  |  NO  |  NU  |
|  Na  |  Ne  |  Ni  |  No  |  Nu  |

- JUNTE A LETRA **N** ÀS VOGAIS E ESCREVA AS SÍLABAS QUE VOCÊ FORMOU EM LETRA DE IMPRENSA MAIÚSCULA E, DEPOIS, EM LETRA CURSIVA MINÚSCULA.

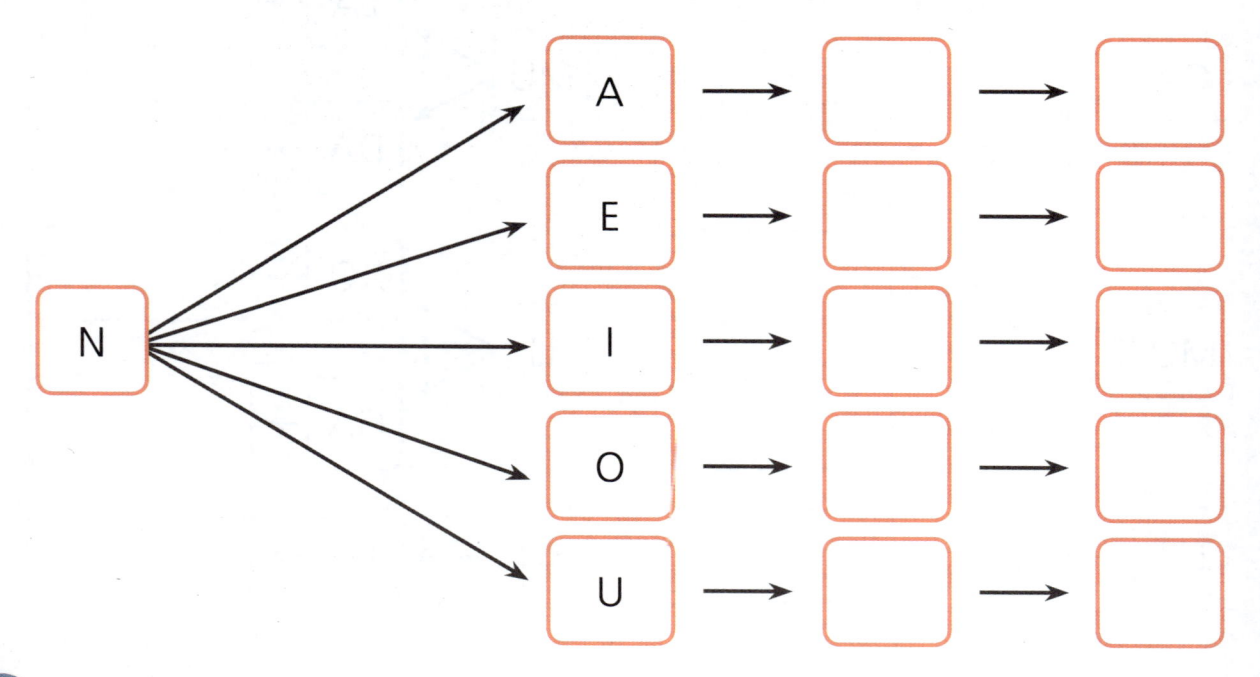

N → A → ☐ → ☐
  → E → ☐ → ☐
  → I → ☐ → ☐
  → O → ☐ → ☐
  → U → ☐ → ☐

- CUBRA OS PONTILHADOS. DEPOIS, COPIE AS SÍLABAS.

*na    ne    ni    no    nu*

*Na    Ne    Ni    No    Nu*

- PINTE A SÍLABA INICIAL DO NOME DA IMAGEM. DEPOIS, COPIE ESSA SÍLABA NO QUADRO DE BAIXO.

| NUVEM | NINHO | NENÊ | NOVE | NAVIO |
|---|---|---|---|---|
|  |  |  |  |  |

## LIÇÃO 13 — LETRA P

**P p**
*P p*

**PIRULITO**

| pa | pe | pi | po | pu |
|----|----|----|----|----|
| *pa* | *pe* | *pi* | *po* | *pu* |
| PA | PE | PI | PO | PU |
| *Pa* | *Pe* | *Pi* | *Po* | *Pu* |

- JUNTE A LETRA P ÀS VOGAIS E ESCREVA AS SÍLABAS QUE VOCÊ FORMOU EM LETRA DE IMPRENSA MAIÚSCULA E, DEPOIS, EM LETRA CURSIVA MINÚSCULA.

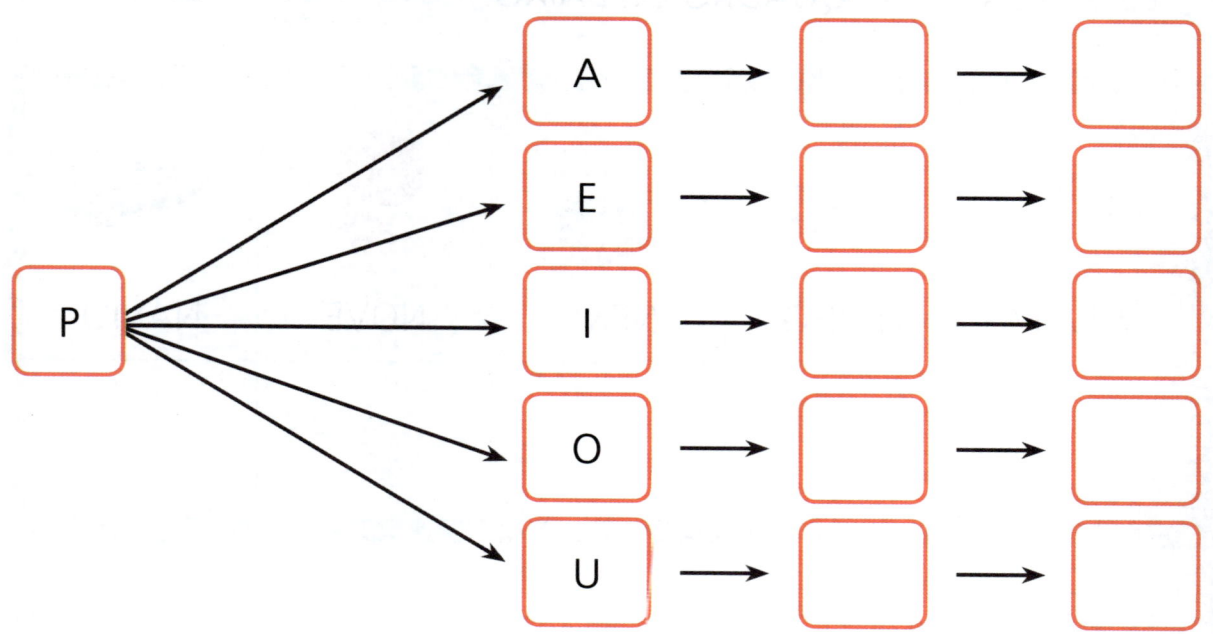

P → A → ☐ → ☐
P → E → ☐ → ☐
P → I → ☐ → ☐
P → O → ☐ → ☐
P → U → ☐ → ☐

- CUBRA OS PONTILHADOS. DEPOIS, COPIE AS SÍLABAS.

pa   pe   pi   po   pu

Pa   Pe   Pi   Po   Pu

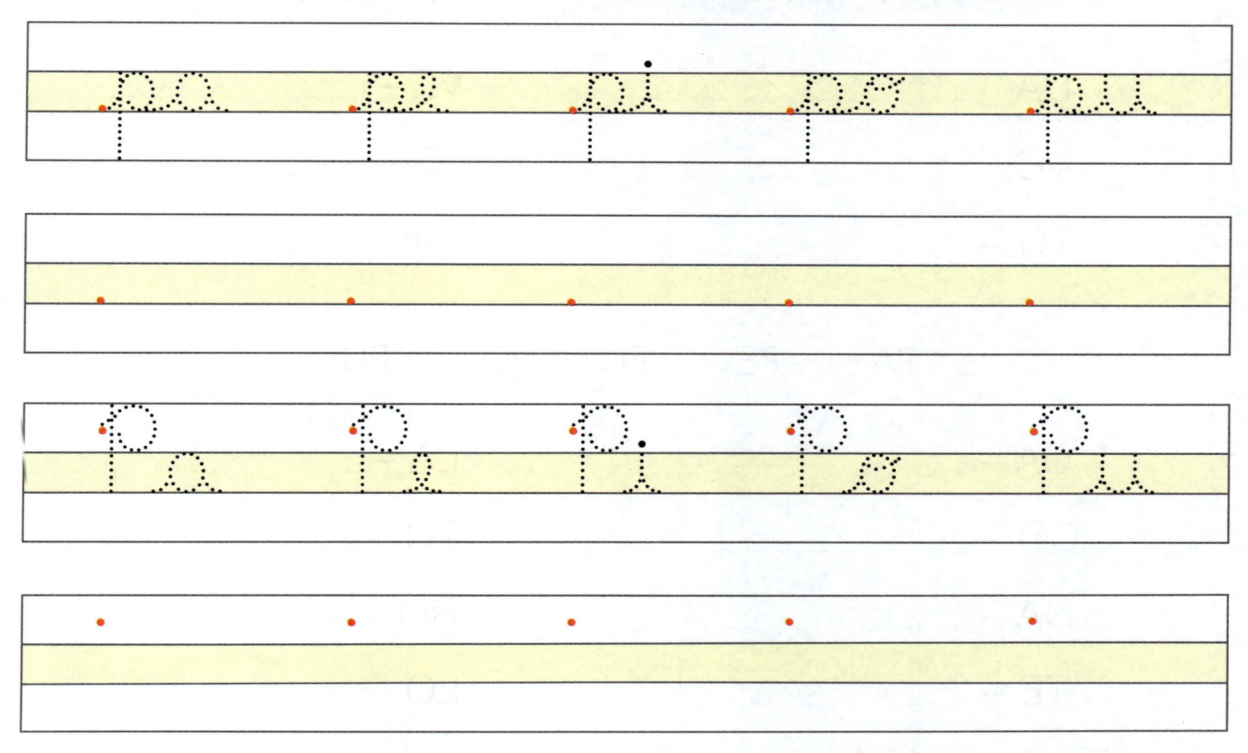

- PINTE A SÍLABA INICIAL DO NOME DA IMAGEM. DEPOIS, COPIE ESSA SÍLABA NO QUADRO DE BAIXO.

| PIÃO | PUDIM | PETECA | PANELA | POTE |
|------|-------|--------|--------|------|
|      |       |        |        |      |

- COMPLETE AS PALAVRAS COM UMA DAS SÍLABAS DO QUADRO. DEPOIS, COPIE A PALAVRA FORMADA.

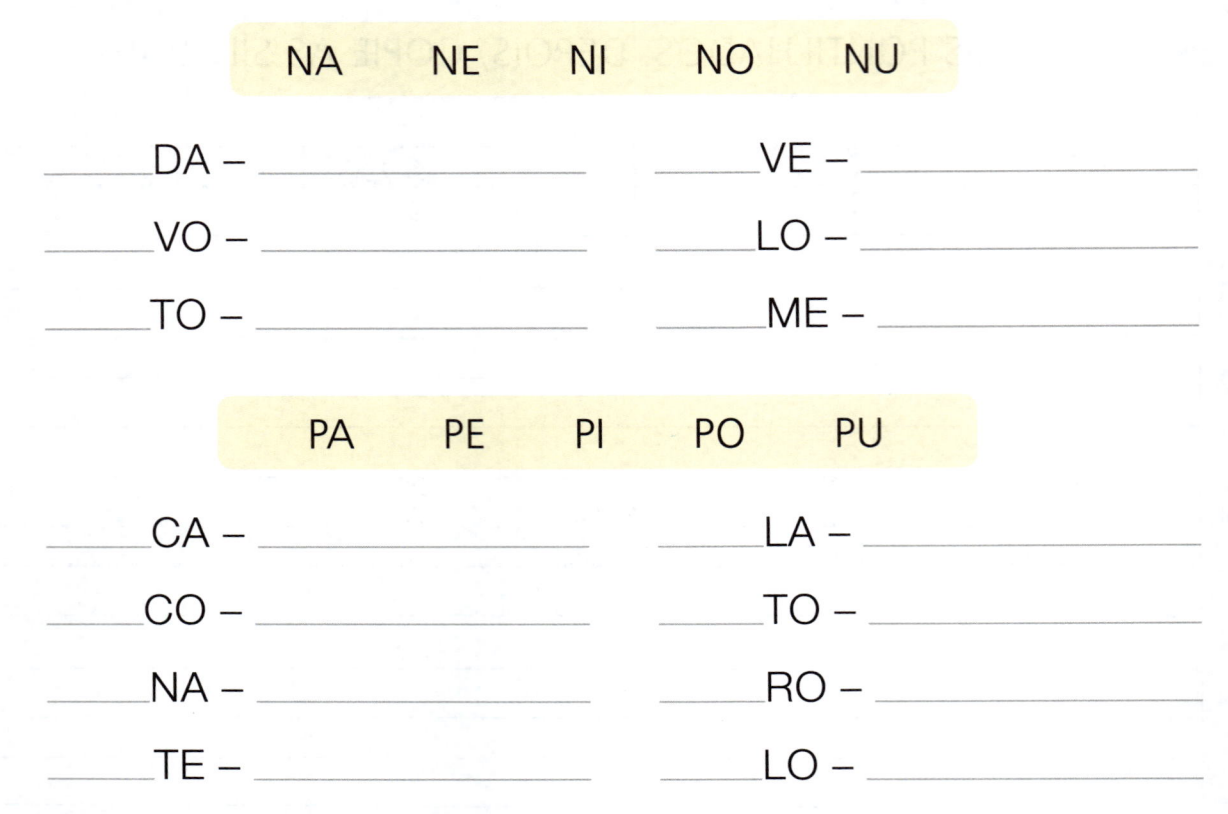

| NA | NE | NI | NO | NU |

____DA – _____      ____VE – _____

____VO – _____      ____LO – _____

____TO – _____      ____ME – _____

| PA | PE | PI | PO | PU |

____CA – _____      ____LA – _____

____CO – _____      ____TO – _____

____NA – _____      ____RO – _____

____TE – _____      ____LO – _____

- JUNTE AS SÍLABAS E FORME PALAVRAS.

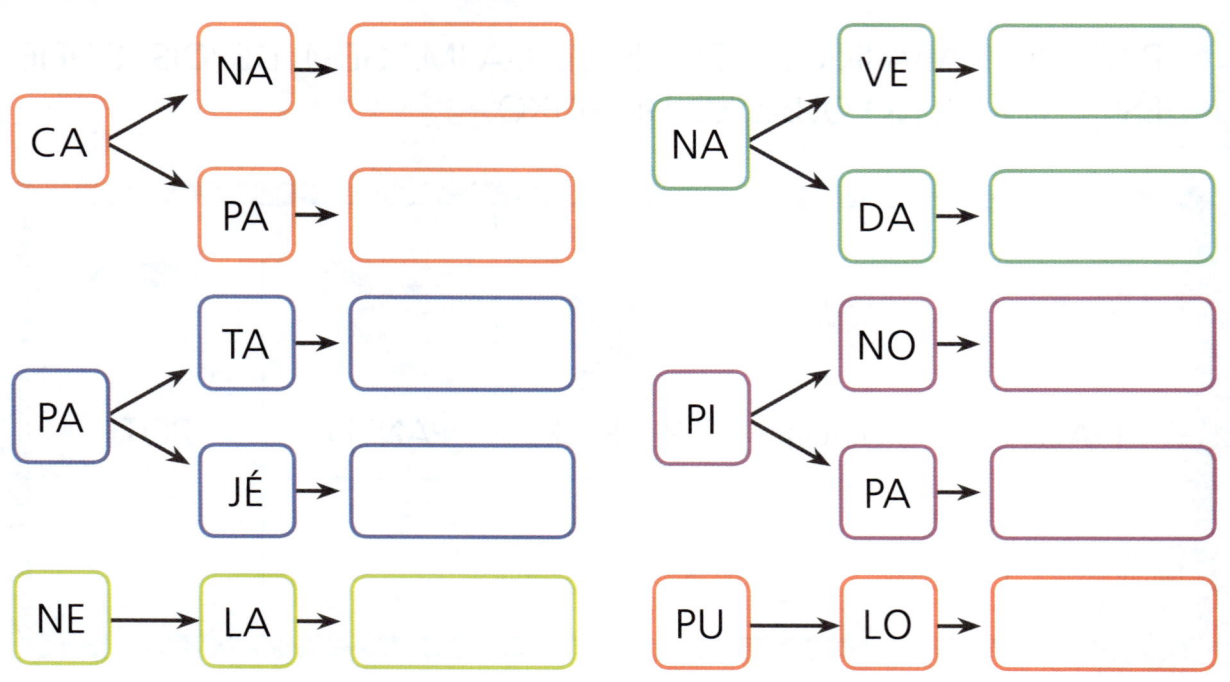

CA → NA → _____
CA → PA → _____

NA → VE → _____
NA → DA → _____

PA → TA → _____
PA → JÉ → _____

PI → NO → _____
PI → PA → _____

NE → LA → _____

PU → LO → _____

42

**LIÇÃO 14**

## LETRA Q

Q q
*Q q*

**Q**UATI

| qua | que | qui | quo |
|---|---|---|---|
| *qua* | *que* | *qui* | *quo* |
| QUA | QUE | QUI | QUO |
| *Qua* | *Que* | *Qui* | *Quo* |

- JUNTE AS LETRAS E ESCREVA AS SÍLABAS QUE VOCÊ FORMOU EM LETRA DE IMPRENSA MAIÚSCULA E, DEPOIS, EM LETRA CURSIVA MINÚSCULA.

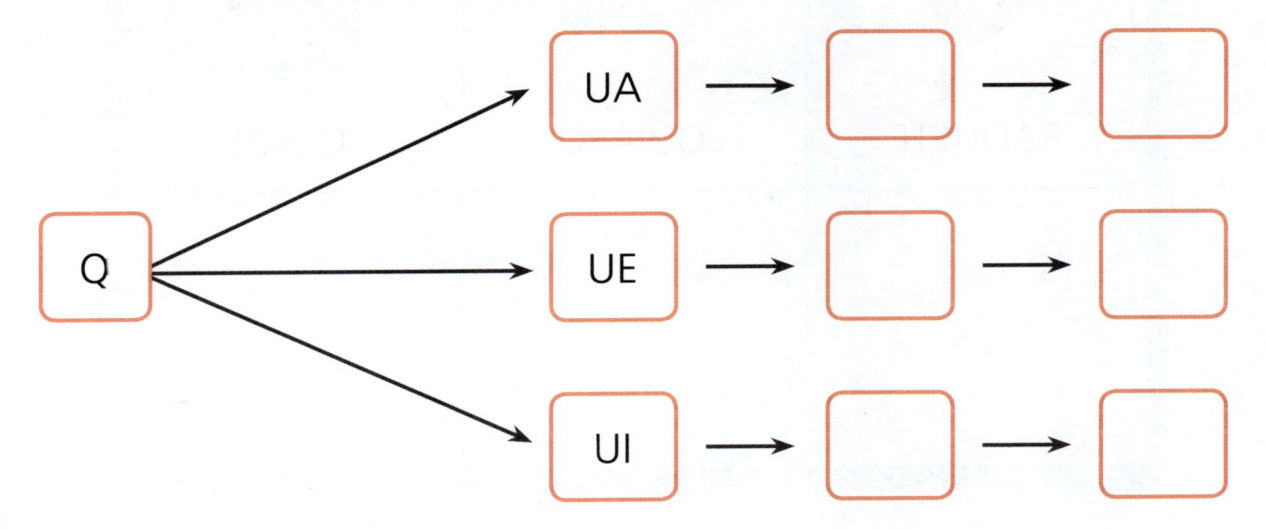

Q → UA → ☐ → ☐

Q → UE → ☐ → ☐

Q → UI → ☐ → ☐

43

- CUBRA OS PONTILHADOS. DEPOIS, COPIE AS SÍLABAS.

qua   que   qui   quo

Qua   Que   Qui   Quo

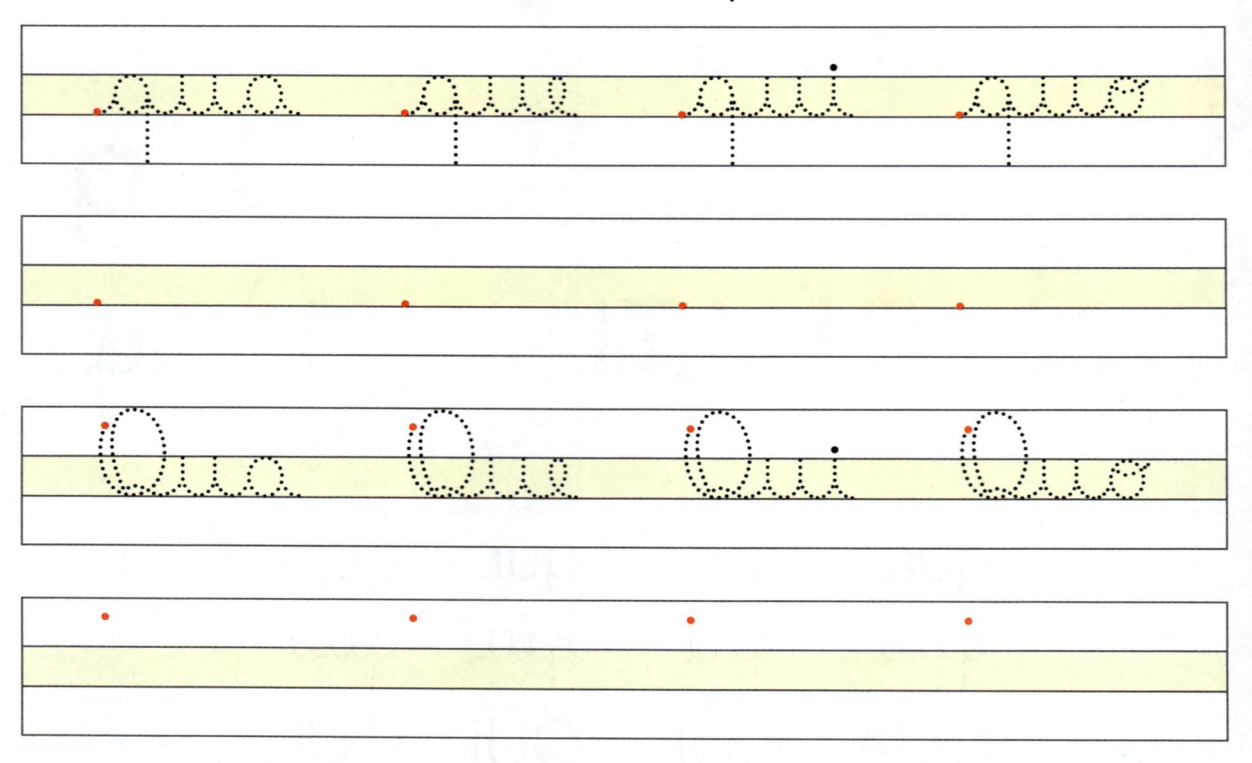

- PINTE A SÍLABA COM Q QUE APARECE NO NOME DA IMAGEM. DEPOIS, COPIE ESSA SÍLABA NO QUADRO DE BAIXO.

| RAQUETE | QUIABO | QUATI |
|---|---|---|
|  |  |  |

**LIÇÃO 15**

## LETRA R

R r
*R r*

**R**ATO

| ra | re | ri | ro | ru |
|----|----|----|----|----|
| *ra* | *re* | *ri* | *ro* | *ru* |
| RA | RE | RI | RO | RU |
| *Ra* | *Re* | *Ri* | *Ro* | *Ru* |

- JUNTE A LETRA R ÀS VOGAIS E ESCREVA AS SÍLABAS QUE VOCÊ FORMOU EM LETRA DE IMPRENSA MAIÚSCULA E, DEPOIS, EM LETRA CURSIVA MINÚSCULA.

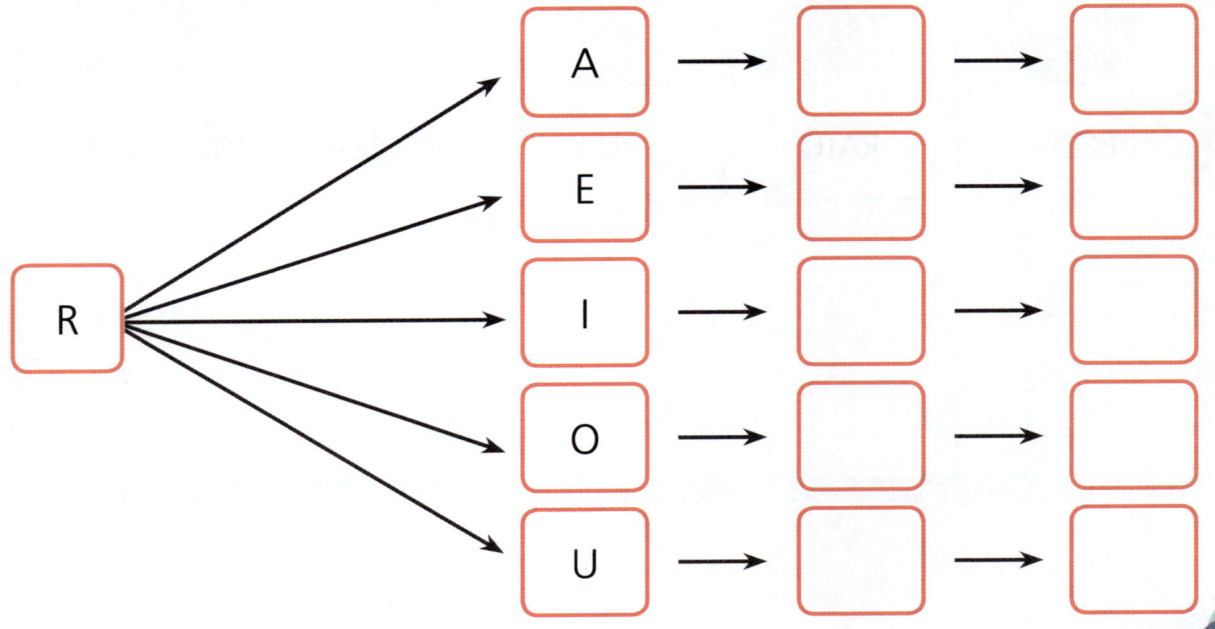

R → A → ☐ → ☐
　→ E → ☐ → ☐
　→ I → ☐ → ☐
　→ O → ☐ → ☐
　→ U → ☐ → ☐

45

- CUBRA OS PONTILHADOS. DEPOIS, COPIE AS SÍLABAS.

*ra   re   ri   ro   ru*

*Ra   Re   Ri   Ro   Ru*

- PINTE A SÍLABA INICIAL DO NOME DA IMAGEM. DEPOIS, COPIE ESSA SÍLABA NO QUADRO DE BAIXO.

| RODA | RATO | RUA | RELÓGIO | RINOCERONTE |
|---|---|---|---|---|
|  |  |  |  |  |

**LIÇÃO 16**

# LETRA S

**S**APO

S s

| sa | se | si | so | su |
|----|----|----|----|----|
| sa | se | si | so | su |
| SA | SE | SI | SO | SU |
| Sa | Se | Si | So | Su |

- JUNTE A LETRA S ÀS VOGAIS E ESCREVA AS SÍLABAS QUE VOCÊ FORMOU EM LETRA DE IMPRENSA MAIÚSCULA E, DEPOIS, EM LETRA CURSIVA MINÚSCULA.

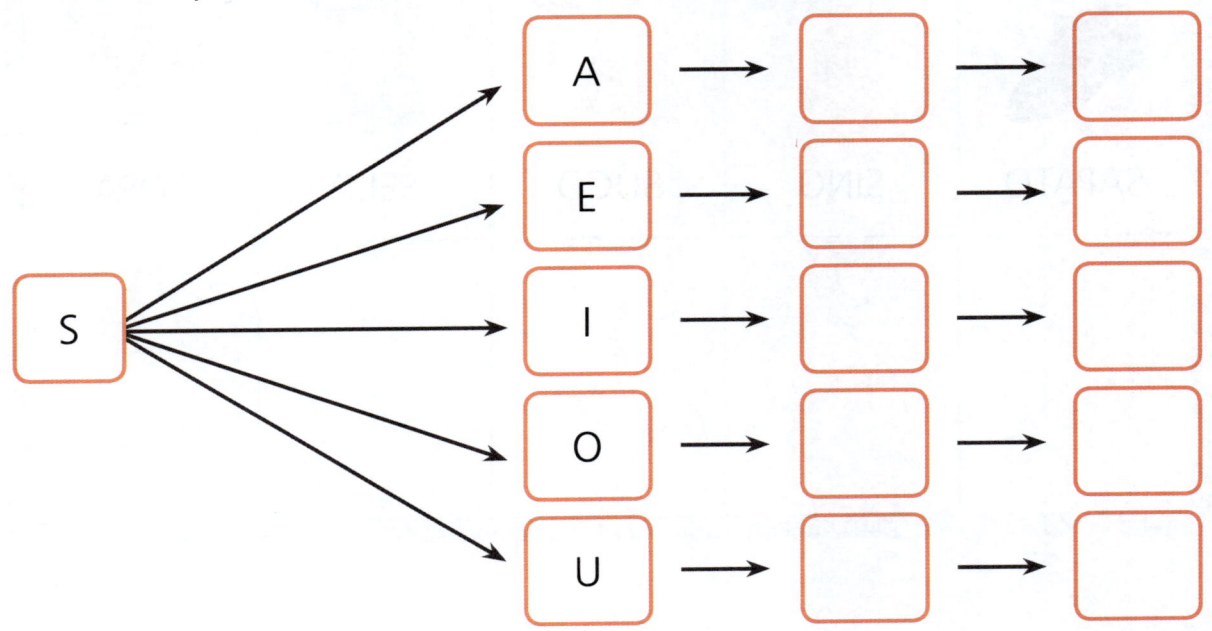

S → A → ☐ → ☐
　→ E → ☐ → ☐
　→ I → ☐ → ☐
　→ O → ☐ → ☐
　→ U → ☐ → ☐

47

- CUBRA OS PONTILHADOS. DEPOIS, COPIE AS SÍLABAS.

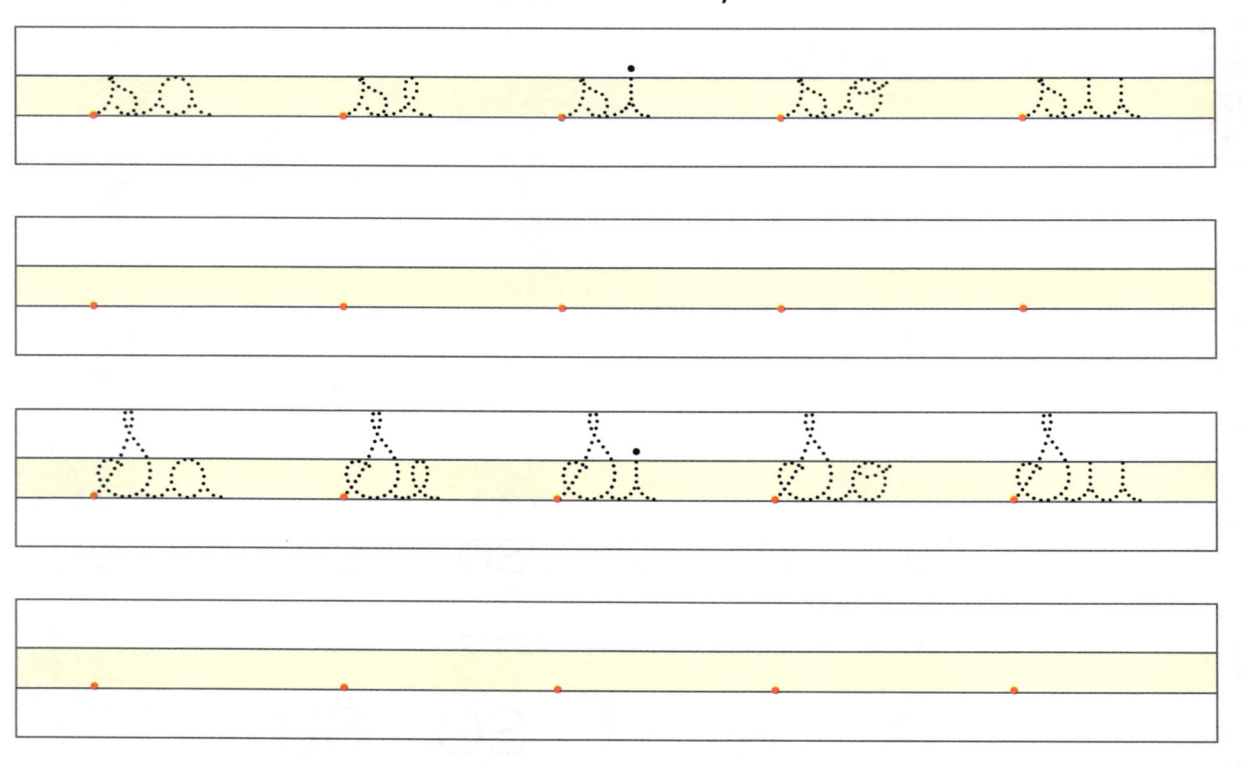

| sa | se | si | so | su |

| sa | se | si | so | su |

- PINTE A SÍLABA INICIAL DO NOME DA IMAGEM. DEPOIS, COPIE ESSA SÍLABA NO QUADRO DE BAIXO.

| SAPATO | SINO | SUCO | SELO | SOPA |
|--------|------|------|------|------|
|        |      |      |      |      |

- COMPLETE AS PALAVRAS COM UMA DAS SÍLABAS DO QUADRO. DEPOIS, COPIE A PALAVRA FORMADA.

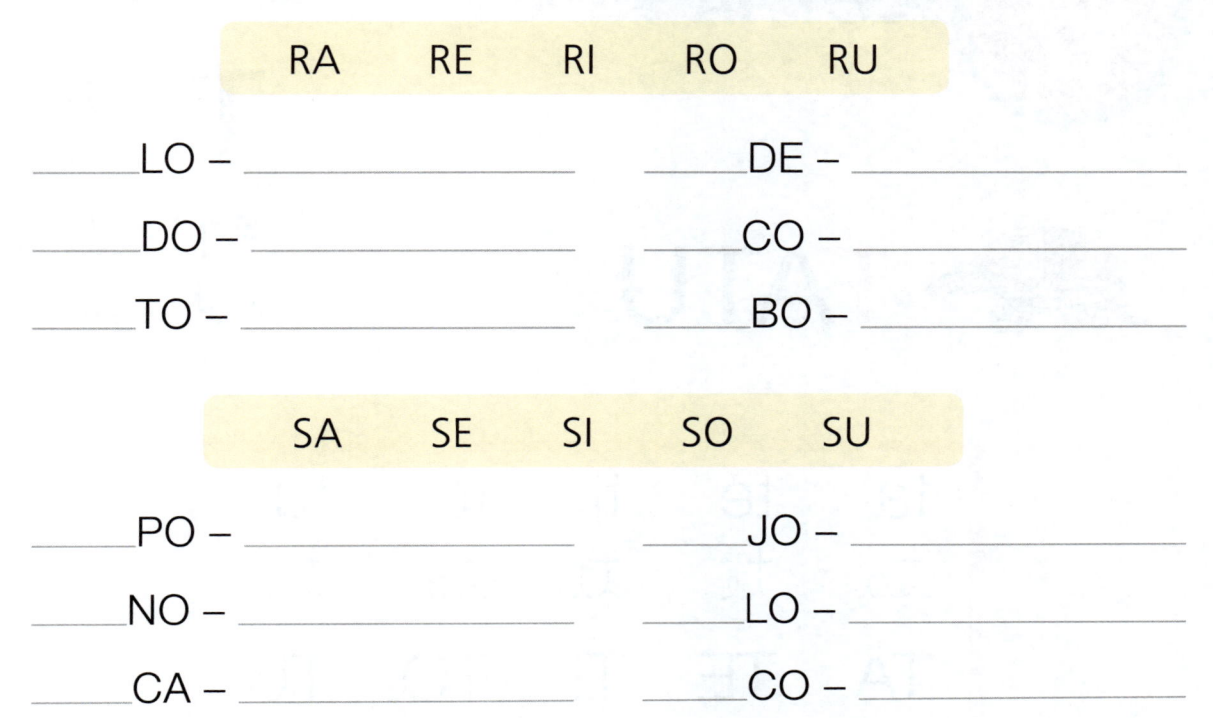

| RA | RE | RI | RO | RU |

____LO – _____       ____DE – _____

____DO – _____       ____CO – _____

____TO – _____       ____BO – _____

| SA | SE | SI | SO | SU |

____PO – _____       ____JO – _____

____NO – _____       ____LO – _____

____CA – _____       ____CO – _____

- JUNTE AS SÍLABAS E FORME PALAVRAS.

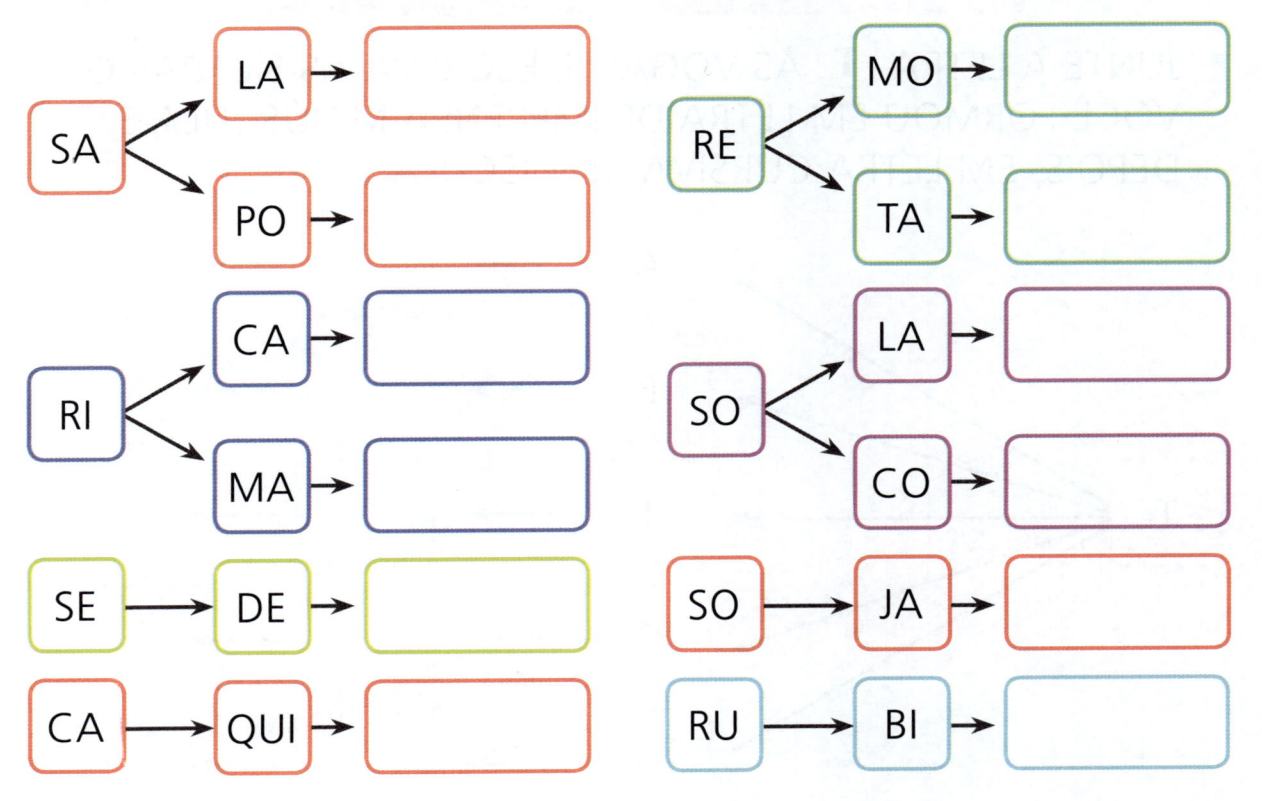

SA → LA → ☐         RE → MO → ☐
SA → PO → ☐         RE → TA → ☐

RI → CA → ☐         SO → LA → ☐
RI → MA → ☐         SO → CO → ☐

SE → DE → ☐         SO → JA → ☐

CA → QUI → ☐        RU → BI → ☐

49

## LIÇÃO 17 — LETRA T

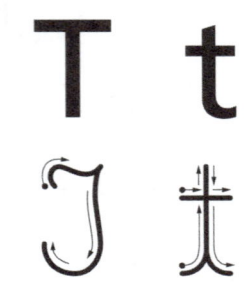

**TATU**

T t

| ta | te | ti | to | tu |
|----|----|----|----|----|
| ta | te | ti | to | tu |
| TA | TE | TI | TO | TU |
| Ta | Te | Ti | To | Tu |

- JUNTE A LETRA **T** ÀS VOGAIS E ESCREVA AS SÍLABAS QUE VOCÊ FORMOU EM LETRA DE IMPRENSA MAIÚSCULA E, DEPOIS, EM LETRA CURSIVA MINÚSCULA.

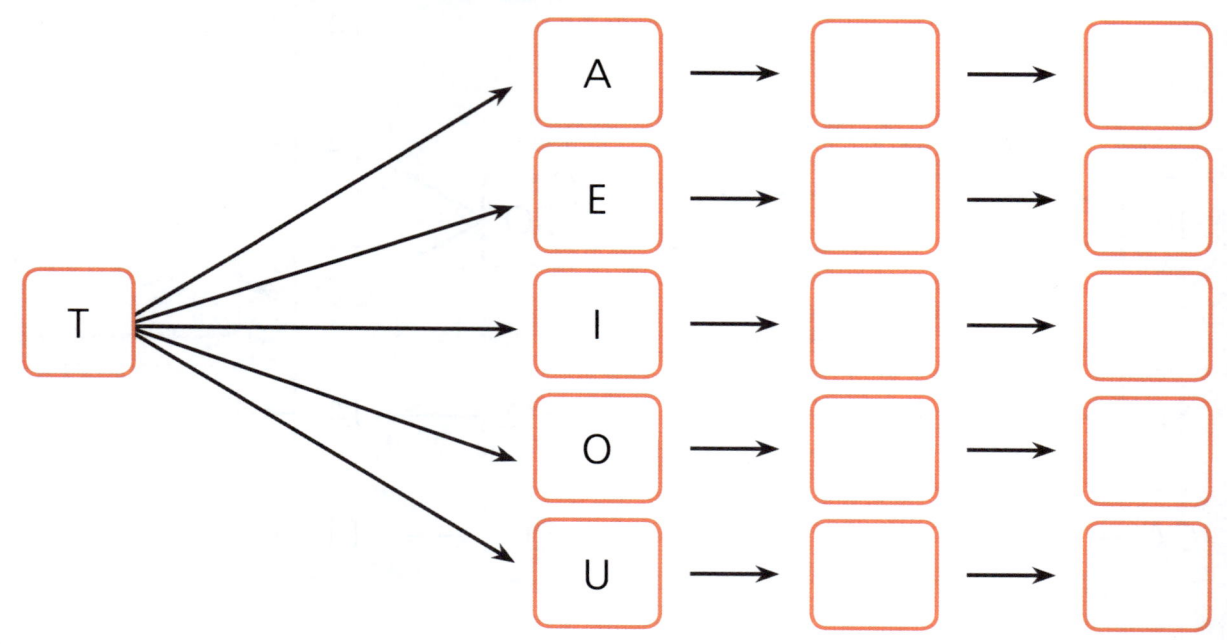

T → A → ☐ → ☐
T → E → ☐ → ☐
T → I → ☐ → ☐
T → O → ☐ → ☐
T → U → ☐ → ☐

50

- CUBRA OS PONTILHADOS. DEPOIS, COPIE AS SÍLABAS.

| ta | te | ti | to | tu |

| Ta | Te | Ti | To | Tu |

- PINTE A SÍLABA INICIAL DO NOME DA IMAGEM. DEPOIS, COPIE ESSA SÍLABA NO QUADRO DE BAIXO.

| TELEFONE | TUBARÃO | TAPETE | TIJOLO | TOMATE |
| --- | --- | --- | --- | --- |
|  |  |  |  |  |

51

## LIÇÃO 18 — LETRA V

**VACA**

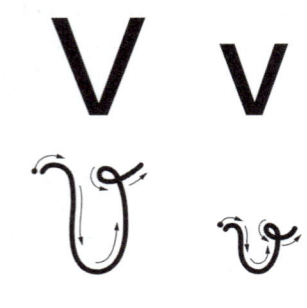

V v

| va | ve | vi | vo | vu |
|----|----|----|----|----|
| VA | VE | VI | VO | VU |

- JUNTE A LETRA **V** ÀS VOGAIS E ESCREVA AS SÍLABAS QUE VOCÊ FORMOU EM LETRA DE IMPRENSA MAIÚSCULA E, DEPOIS, EM LETRA CURSIVA MINÚSCULA.

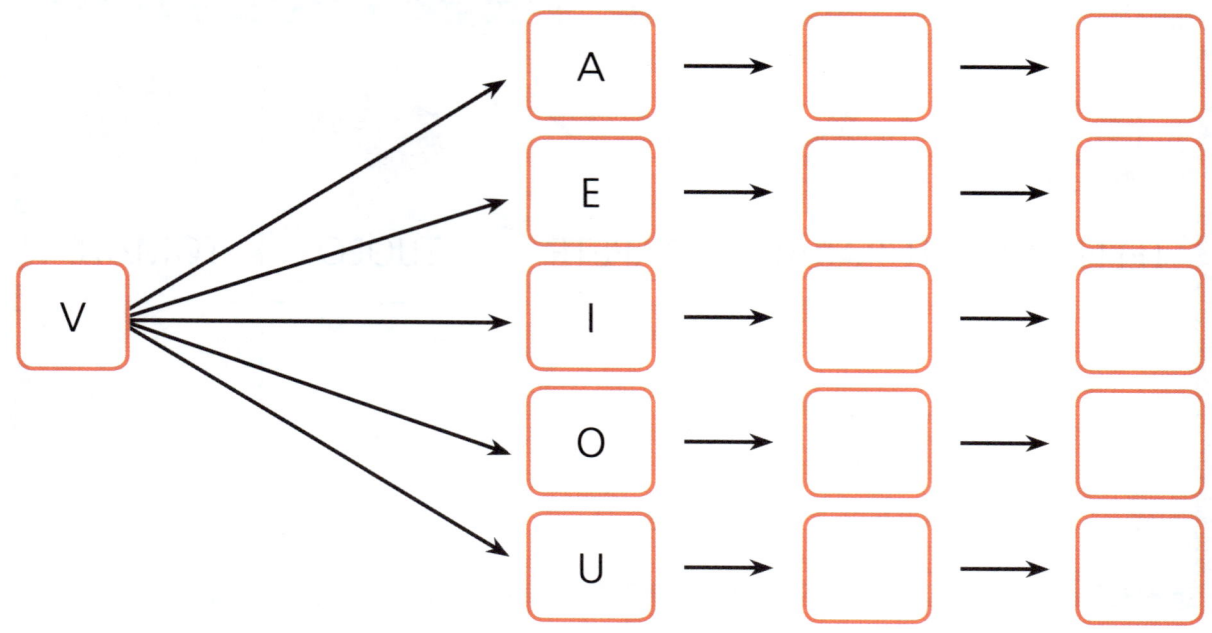

V → A → ☐ → ☐
V → E → ☐ → ☐
V → I → ☐ → ☐
V → O → ☐ → ☐
V → U → ☐ → ☐

- CUBRA OS PONTILHADOS. DEPOIS, COPIE AS SÍLABAS.

va  ve  vi  vo  vu

Va  Ve  Vi  Vo  Vu

- PINTE A SÍLABA COM V QUE APARECE NO NOME DA IMAGEM. DEPOIS, COPIE ESSA SÍLABA NO QUADRO DE BAIXO.

| VEADO | ÁRVORE | VIOLA | OVO | VASO |
|---|---|---|---|---|
|  |  |  |  |  |

- COMPLETE AS PALAVRAS COM UMA DAS SÍLABAS DO QUADRO. DEPOIS, COPIE A PALAVRA FORMADA.

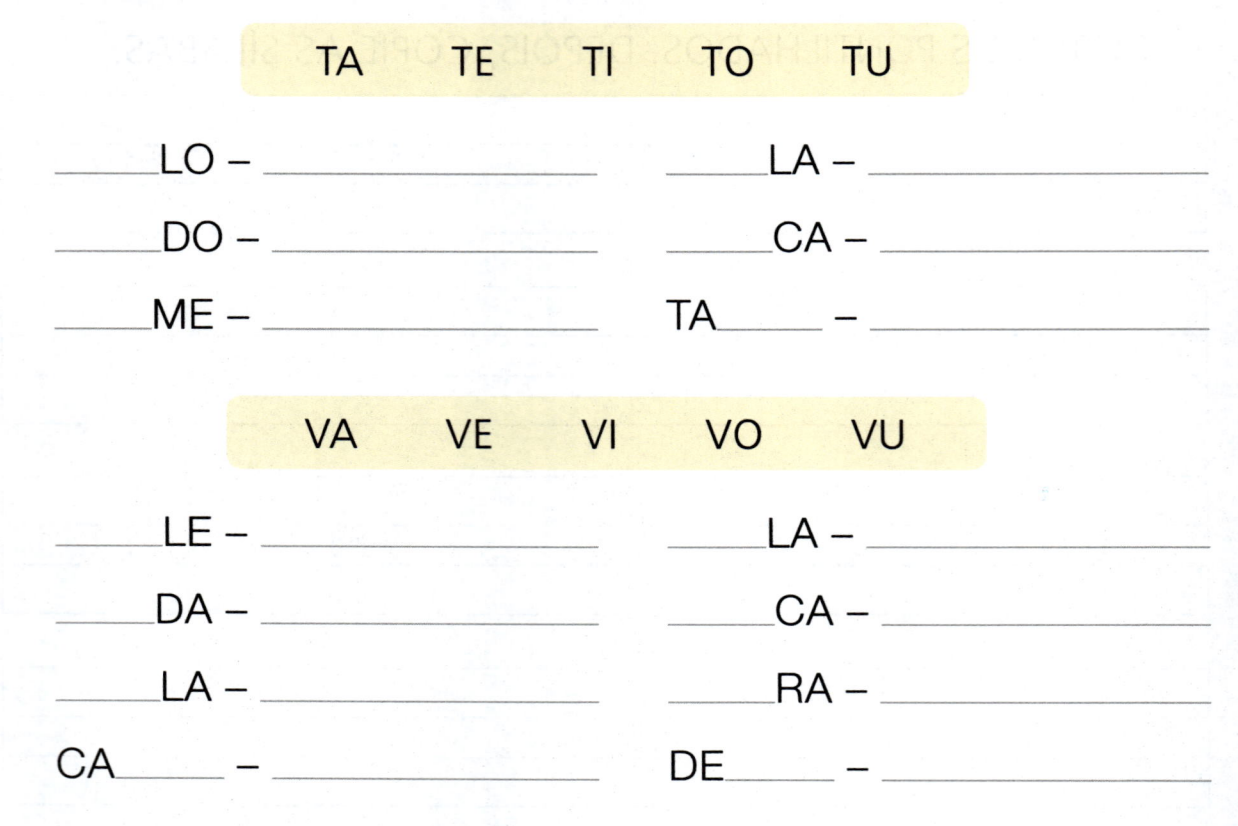

TA    TE    TI    TO    TU

____LO – _____    ____LA – _____

____DO – _____    ____CA – _____

____ME – _____    TA____ – _____

VA    VE    VI    VO    VU

____LE – _____    ____LA – _____

____DA – _____    ____CA – _____

____LA – _____    ____RA – _____

CA____ – _____    DE____ – _____

- JUNTE AS SÍLABAS E FORME PALAVRAS.

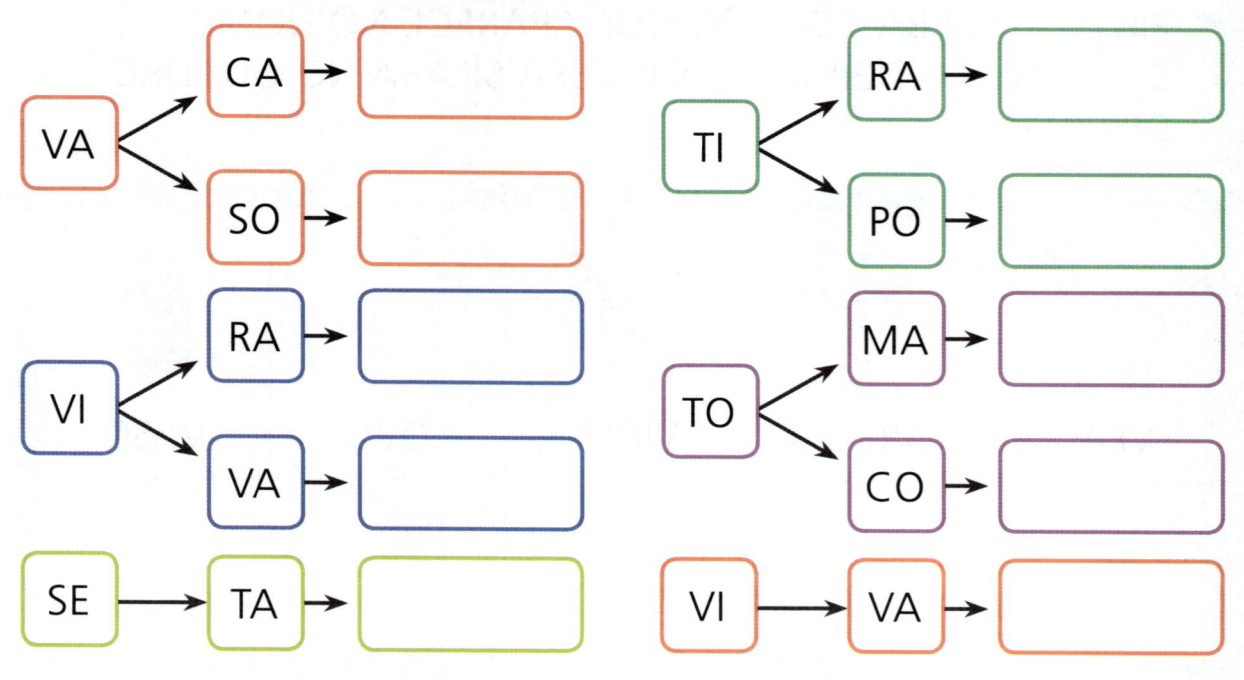

VA → CA → ____　　　TI → RA → ____
VA → SO → ____　　　TI → PO → ____

VI → RA → ____　　　TO → MA → ____
VI → VA → ____　　　TO → CO → ____

SE → TA → ____　　　VI → VA → ____

54

**LIÇÃO 19**

## LETRA W

W w

WILLIAM

- CUBRA OS PONTILHADOS. DEPOIS, COPIE AS LETRAS.

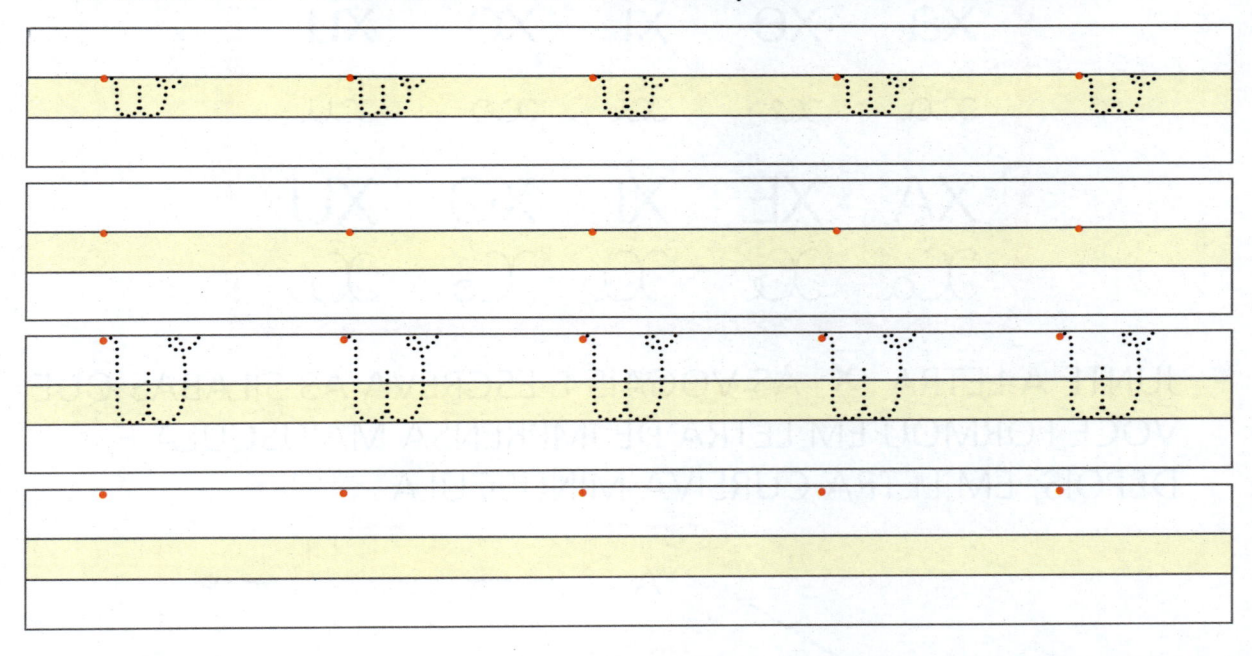

- ACOMPANHE A LEITURA DOS NOMES QUE SEU PROFESSOR FARÁ. DEPOIS, COPIE ESSES NOMES.

Walter

Wendi

## LIÇÃO 20 — LETRA X

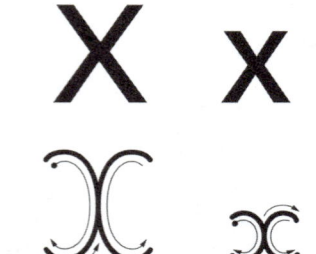

X x

**X**ADREZ

| xa | xe | xi | xo | xu |
|----|----|----|----|----|
| xa | xe | xi | xo | xu |
| XA | XE | XI | XO | XU |
| Xa | Xe | Xi | Xo | Xu |

- JUNTE A LETRA **X** ÀS VOGAIS E ESCREVA AS SÍLABAS QUE VOCÊ FORMOU EM LETRA DE IMPRENSA MAIÚSCULA E, DEPOIS, EM LETRA CURSIVA MINÚSCULA.

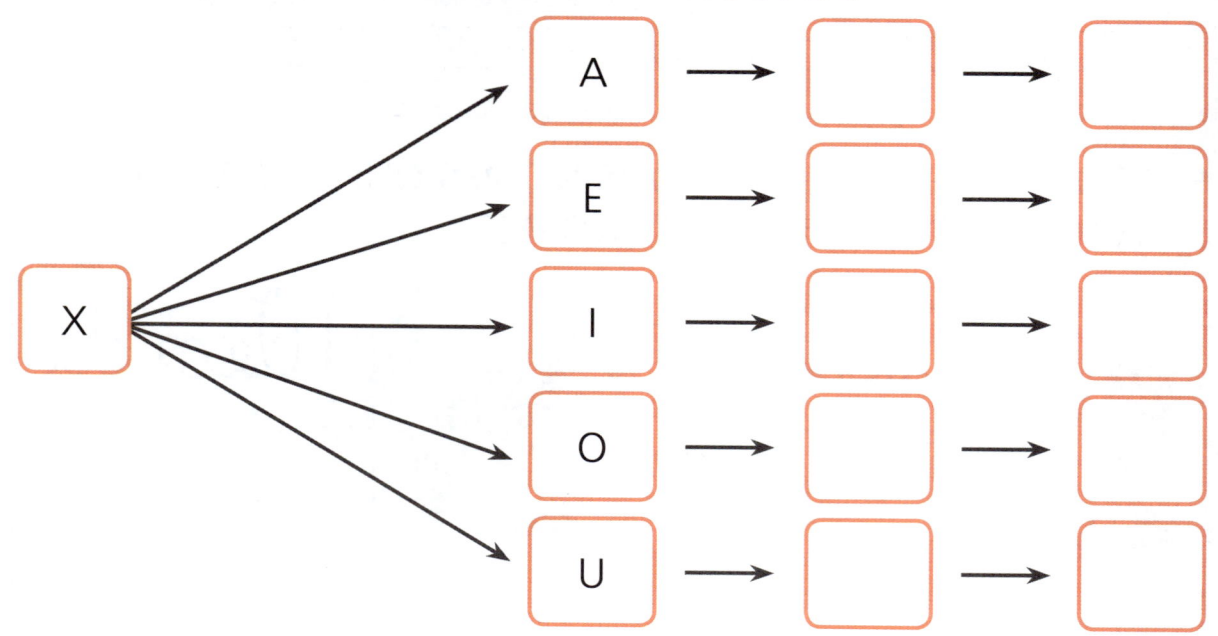

X → A → ☐ → ☐
X → E → ☐ → ☐
X → I → ☐ → ☐
X → O → ☐ → ☐
X → U → ☐ → ☐

- CUBRA OS PONTILHADOS. DEPOIS, COPIE AS SÍLABAS.

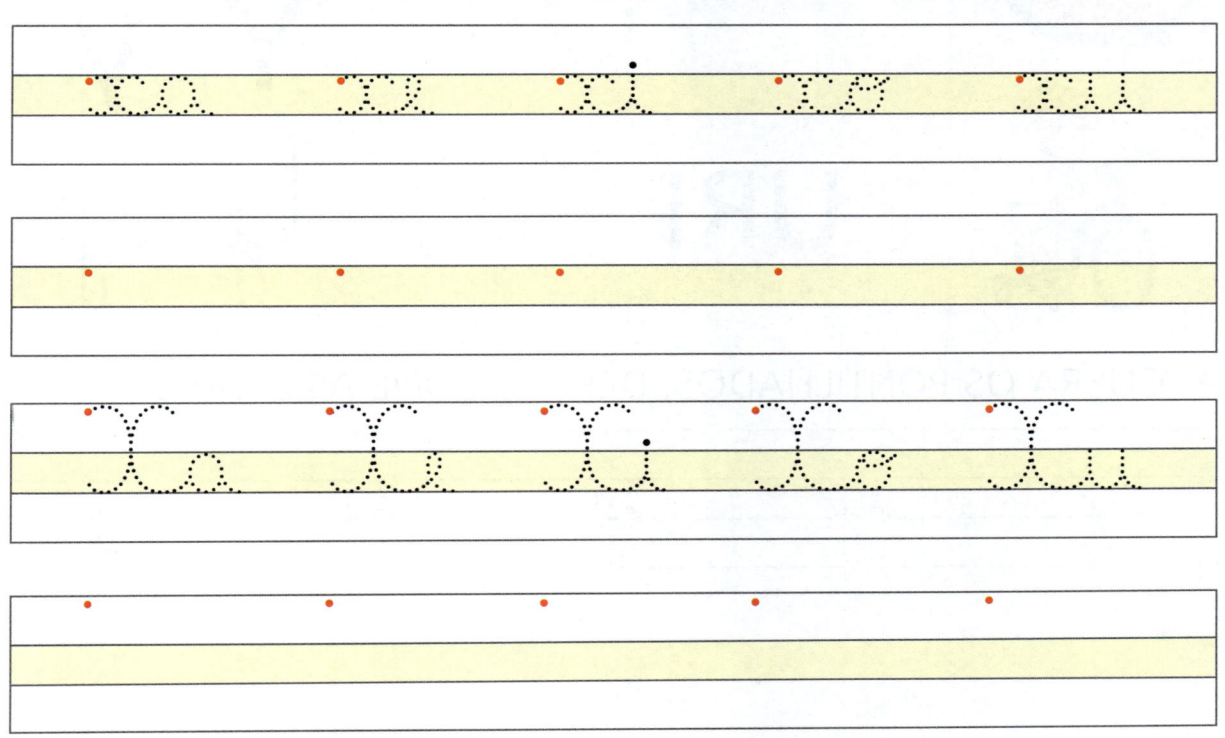

- PINTE A SÍLABA COM [X] QUE APARECE NO NOME DA IMAGEM. DEPOIS, COPIE ESSA SÍLABA NO QUADRO DE BAIXO.

| XAROPE | XERIFE | LIXO | XADREZ | XÍCARA |
|---|---|---|---|---|
|  |  |  |  |  |

# LIÇÃO 21 — LETRA Y

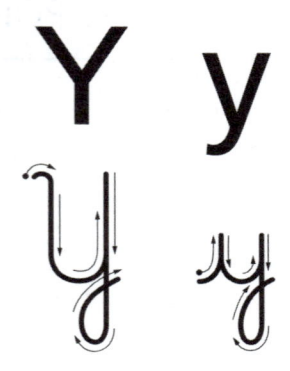

YURI

Y y

- CUBRA OS PONTILHADOS. DEPOIS, COPIE AS LETRAS.

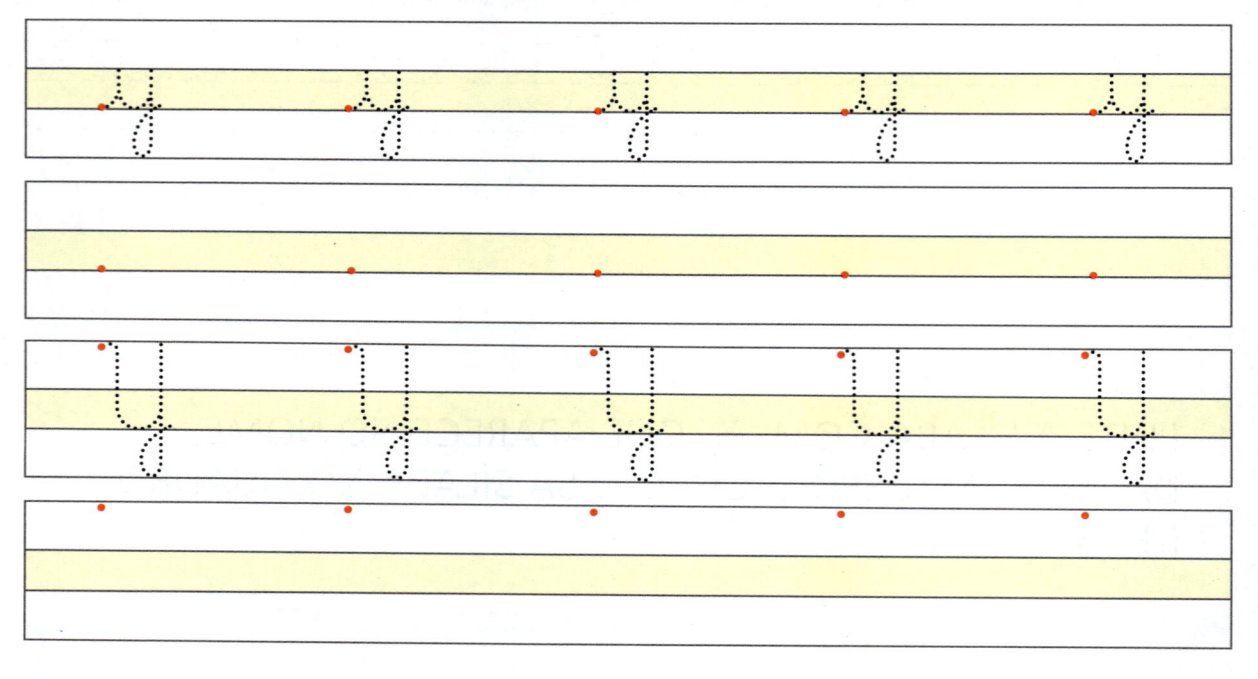

- ACOMPANHE A LEITURA DOS NOMES QUE SEU PROFESSOR FARÁ. DEPOIS, COPIE ESSES NOMES.

Yeda

Yoshi

## LIÇÃO 22 — LETRA Z

**ZEBRA**

Z z

| za | ze | zi | zo | zu |
|----|----|----|----|----|
| ZA | ZE | ZI | ZO | ZU |

- JUNTE A LETRA Z ÀS VOGAIS E ESCREVA AS SÍLABAS QUE VOCÊ FORMOU EM LETRA DE IMPRENSA MAIÚSCULA E, DEPOIS, EM LETRA CURSIVA MINÚSCULA.

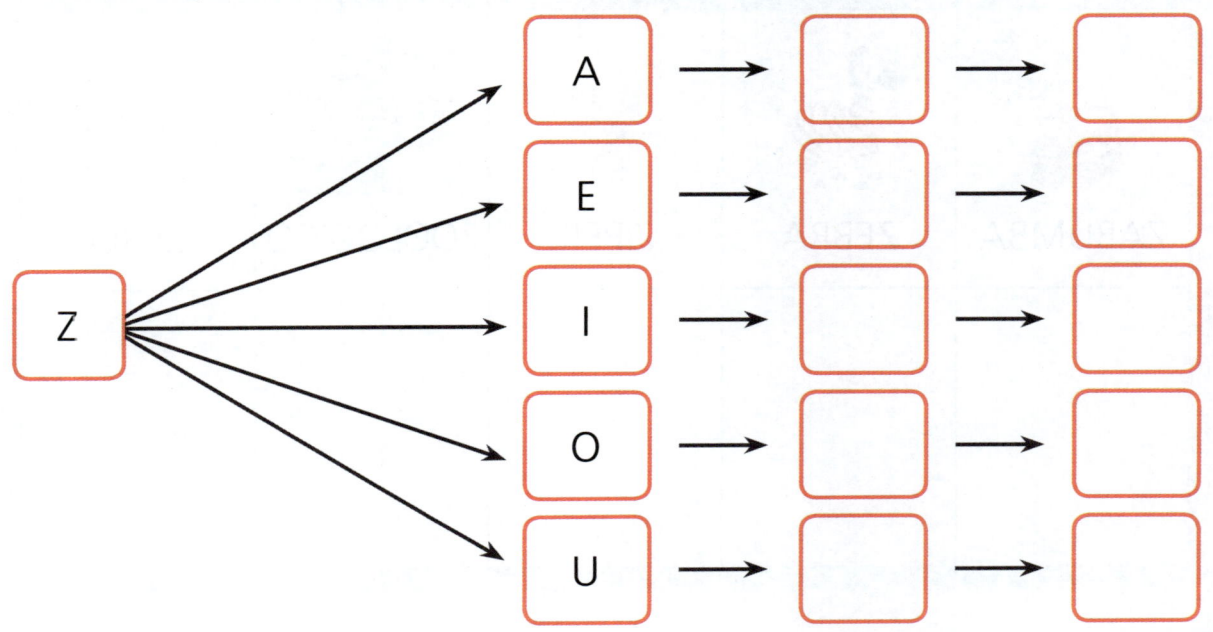

Z → A → ☐ → ☐
Z → E → ☐ → ☐
Z → I → ☐ → ☐
Z → O → ☐ → ☐
Z → U → ☐ → ☐

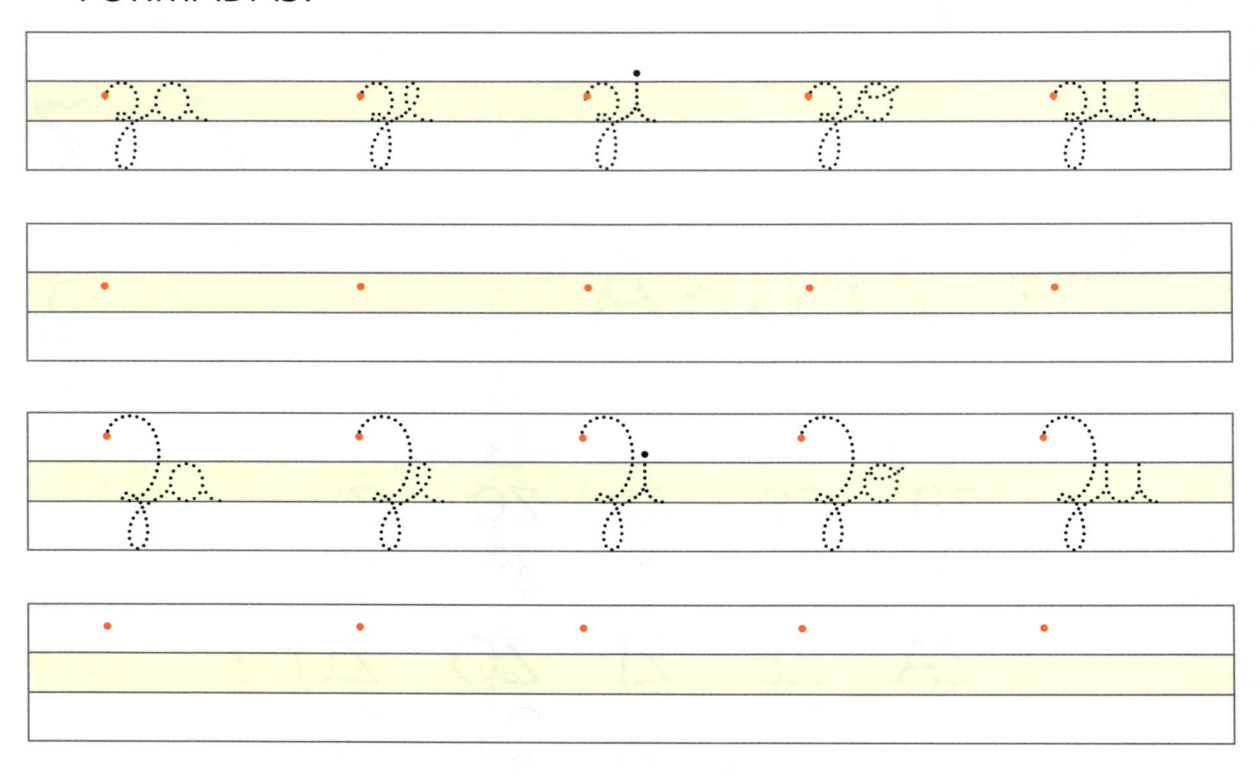

- CUBRA OS PONTILHADOS. DEPOIS, COPIE AS SÍLABAS FORMADAS.

- PINTE A SÍLABA INICIAL DO NOME DA IMAGEM. DEPOIS, COPIE ESSA SÍLABA NO QUADRO DE BAIXO.

| ZABUMBA | ZEBRA | ZÍPER | ZOOLÓGICO | ZERO |
|---|---|---|---|---|
| | | | | |

- COMPLETE AS PALAVRAS COM UMA DAS SÍLABAS DO QUADRO. DEPOIS, COPIE A PALAVRA FORMADA.

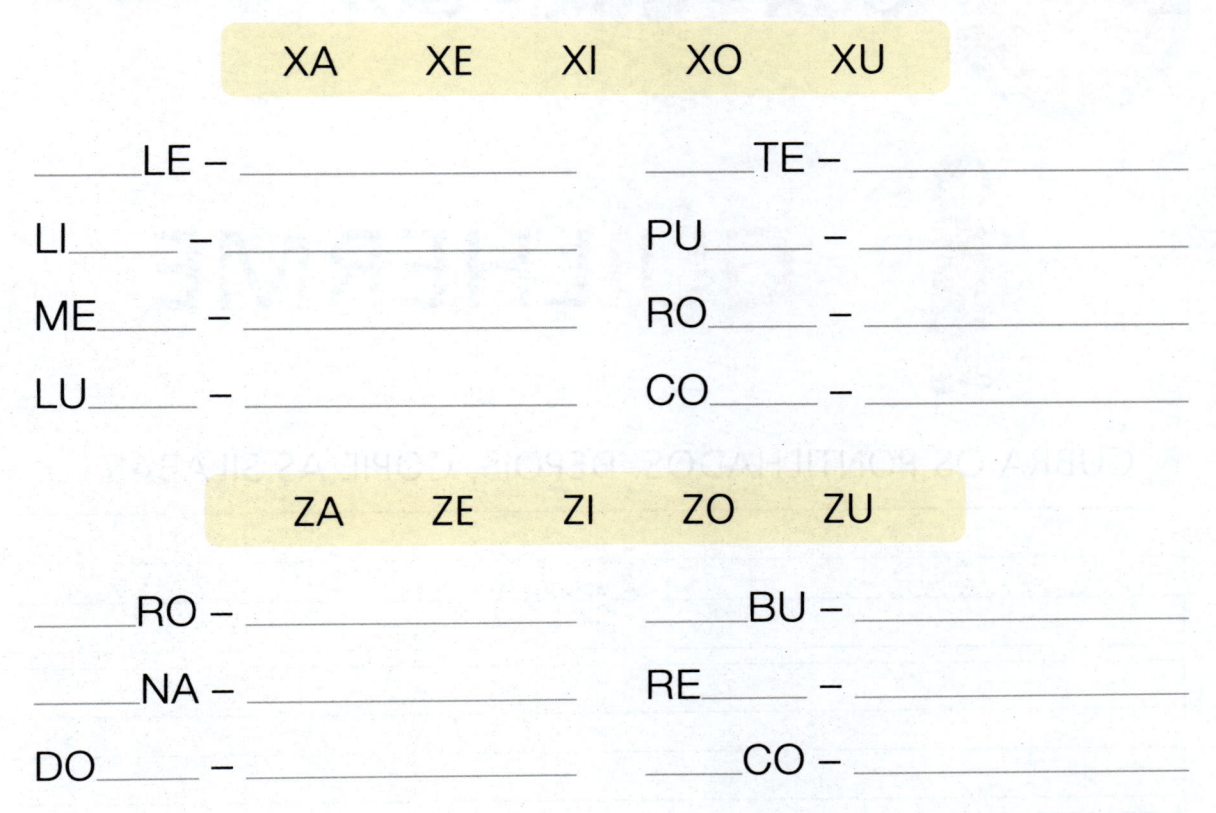

XA    XE    XI    XO    XU

____LE – _____          ____TE – _____
LI____ – _____          PU____ – _____
ME____ – _____          RO____ – _____
LU____ – _____          CO____ – _____

ZA    ZE    ZI    ZO    ZU

____RO – _____          ____BU – _____
____NA – _____          RE____ – _____
DO____ – _____          ____CO – _____

- JUNTE AS SÍLABAS E FORME PALAVRAS.

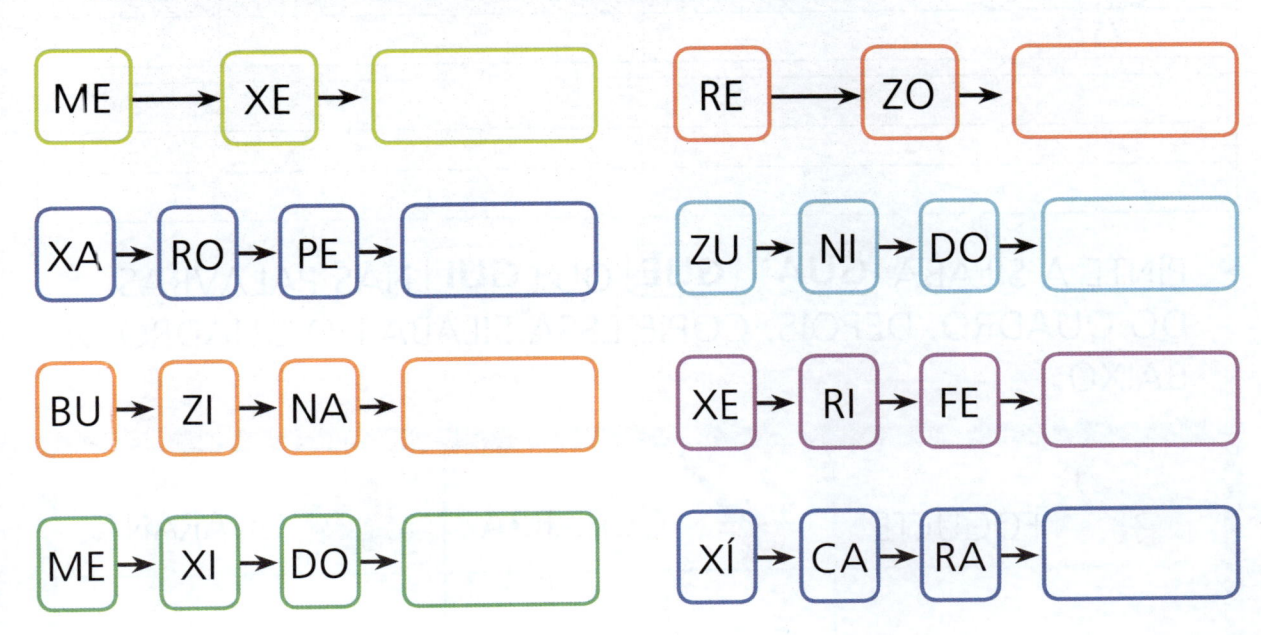

ME → XE → ☐            RE → ZO → ☐

XA → RO → PE → ☐       ZU → NI → DO → ☐

BU → ZI → NA → ☐       XE → RI → FE → ☐

ME → XI → DO → ☐       XÍ → CA → RA → ☐

# LIÇÃO 23

## GUA – GUE – GUI

# GUILHERME

- CUBRA OS PONTILHADOS. DEPOIS, COPIE AS SÍLABAS.

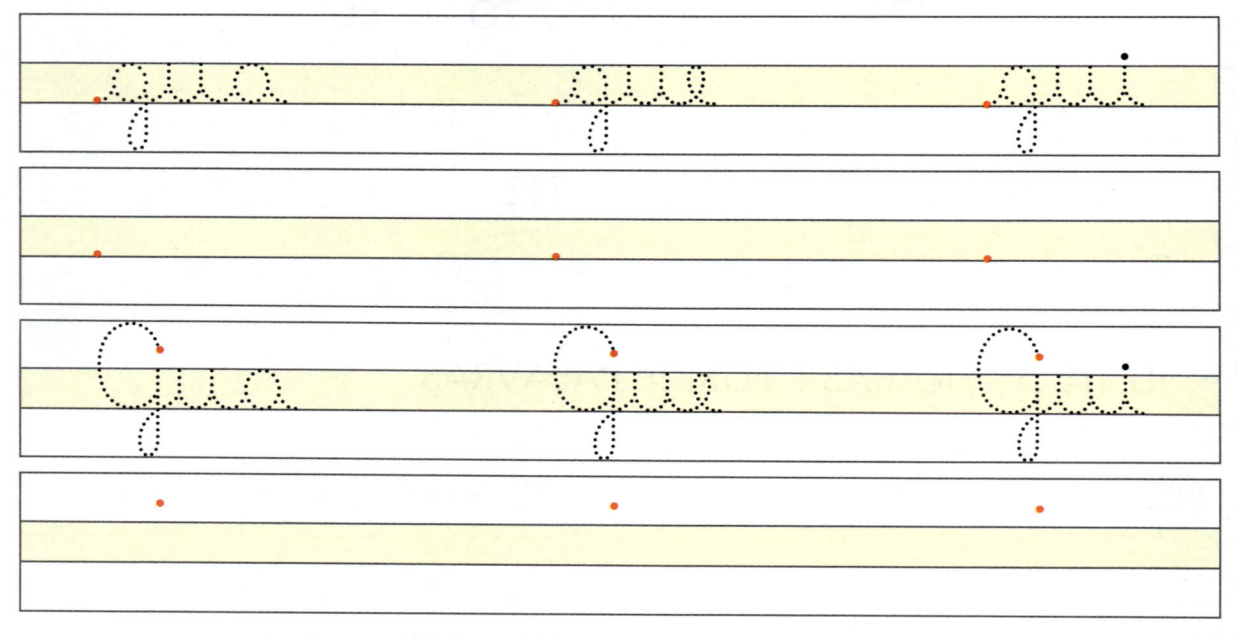

| gua | gue | gui |

| Gua | Gue | Gui |

- PINTE A SÍLABA **GUA**, **GUE** OU **GUI** NAS PALAVRAS DO QUADRO. DEPOIS, COPIE ESSA SÍLABA NO QUADRO DE BAIXO.

|  FOGUETE |  GUITARRA |  GUARANÁ |
| --- | --- | --- |
|  |  |  |

# LIÇÃO 24

## CE – CI

# CECÍLIA

- CUBRA OS PONTILHADOS. DEPOIS, COPIE AS SÍLABAS.

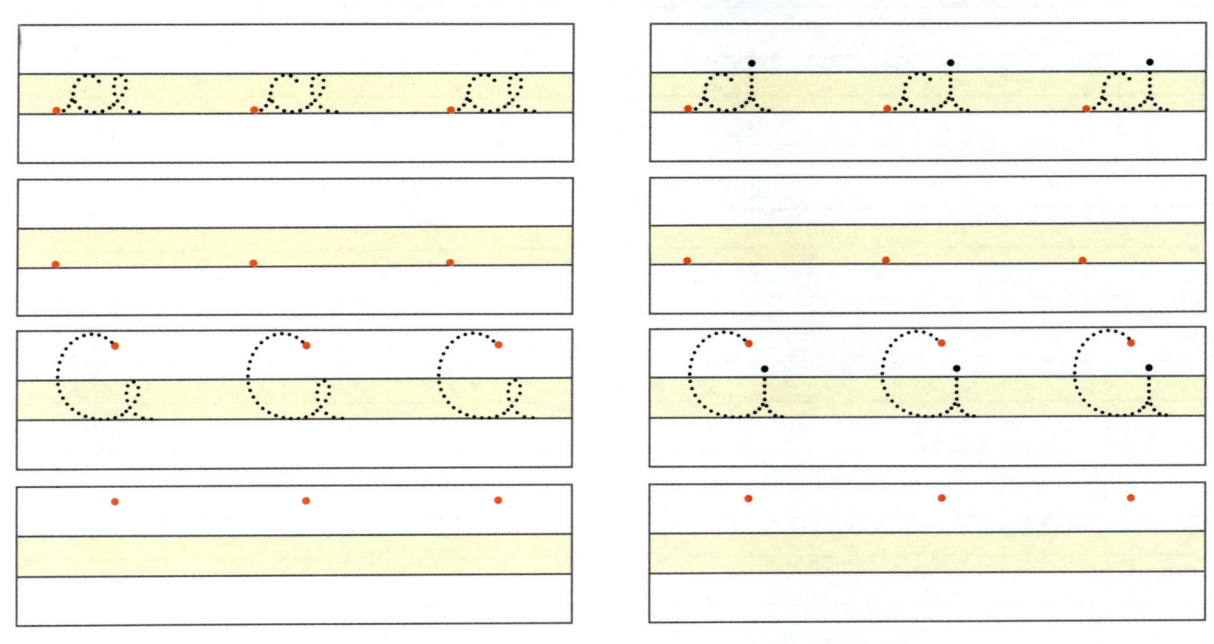

- PINTE A SÍLABA INICIAL DO NOME DA IMAGEM. DEPOIS, COPIE ESSA SÍLABA NO QUADRO DE BAIXO.

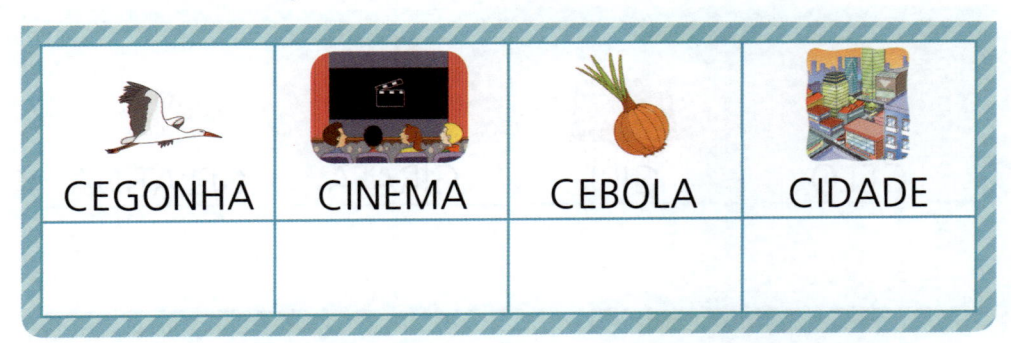

| CEGONHA | CINEMA | CEBOLA | CIDADE |
|---------|--------|--------|--------|
|         |        |        |        |

63

**LIÇÃO 25**

# GE – GI

# GISELE

- CUBRA OS PONTILHADOS. DEPOIS, COPIE AS SÍLABAS.

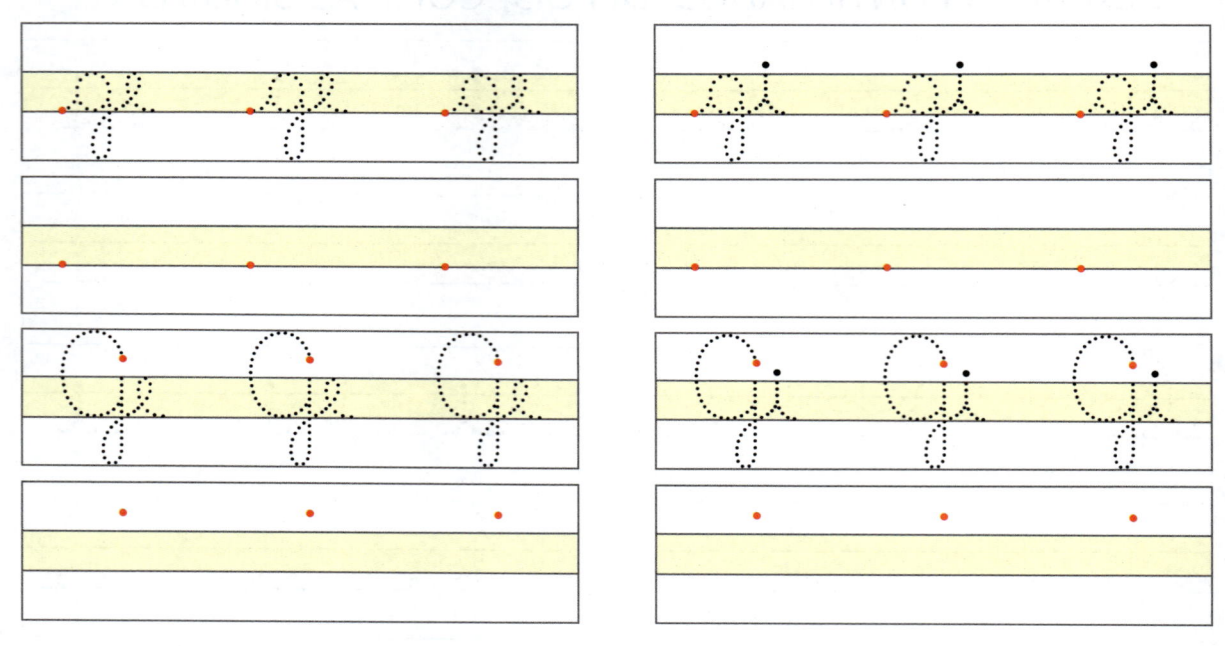

- PINTE A SÍLABA INICIAL DO NOME DA IMAGEM. DEPOIS, COPIE ESSA SÍLABA NO QUADRO DE BAIXO.

| 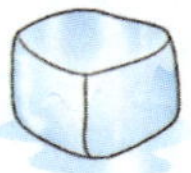 GELO |  GIBI |  GIRAFA |  GELATINA |
|---|---|---|---|
|  |  |  |  |

## LIÇÃO 26 — ATIVIDADES DE FIXAÇÃO

- COMPLETE AS PALAVRAS COM UMA DAS SÍLABAS DO QUADRO. DEPOIS, COPIE A PALAVRA FORMADA USANDO LETRA CURSIVA.

| MA | ZE | NU | GO | JA | FO | CE | LI | BU | QUI | GE | CO |

DO-_____

_____-CA-RÉ

_____-MI-DA

PA-_____-TO

BI-_____-DE

E-_____-PE

A-_____-DO

CA-_____-DO

_____-LA-DO

_____-GUE-TE

JA-_____-TI

_____-LE-TA

- FORME PALAVRAS JUNTANDO AS SÍLABAS DE ACORDO COM OS NÚMEROS. DEPOIS, FAÇA UMA ILUSTRAÇÃO PARA CADA PALAVRA FORMADA.

| 1 | 2 | 3 | 4 | 5 |
|---|---|---|---|---|
| to | sa | da | pa | te |
| 6 | 7 | 8 | 9 | 10 |
| ne | li | ma | ja | la |

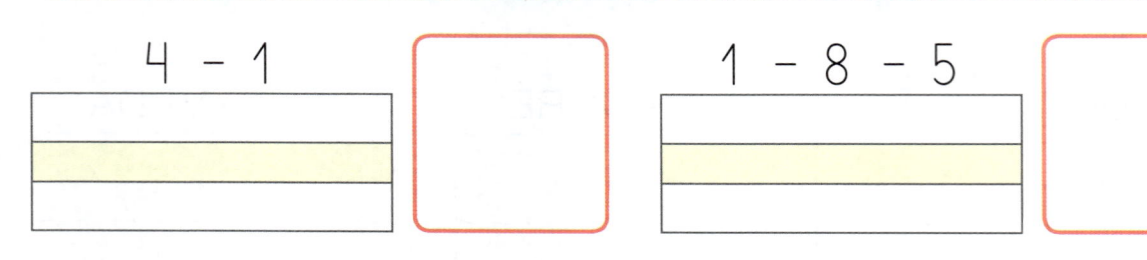

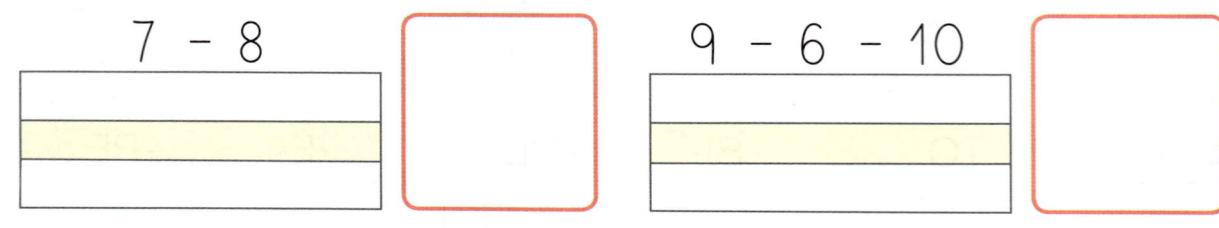

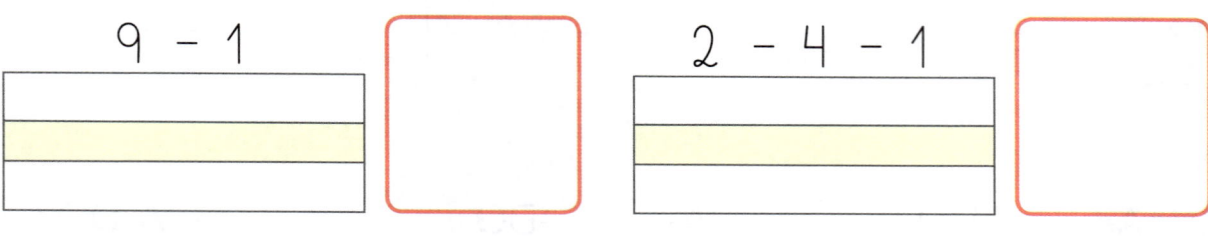

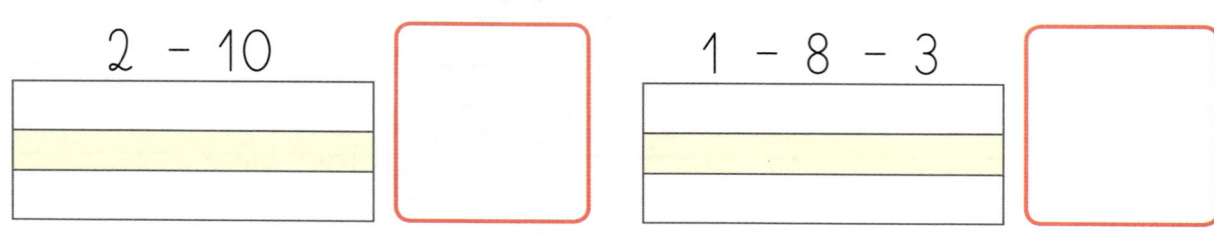

4 – 1

1 – 8 – 5

7 – 8

9 – 6 – 10

9 – 1

2 – 4 – 1

2 – 10

1 – 8 – 3

8 – 10

2 – 10 – 3

66

- ORGANIZE AS SÍLABAS SEGUINDO A ORDEM DOS NÚMEROS E ESCREVA AS PALAVRAS. DEPOIS, ILUSTRE ESSAS PALAVRAS.

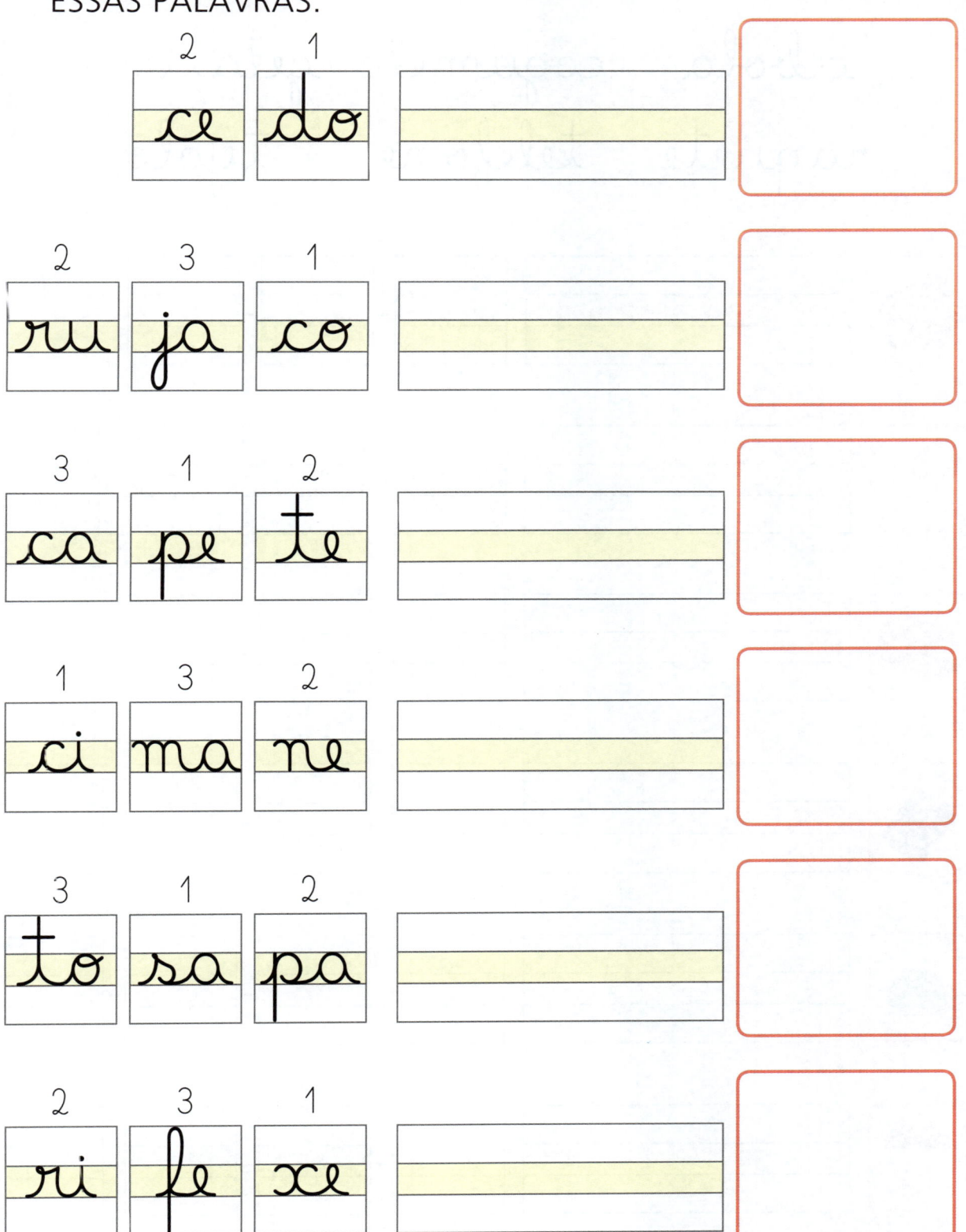

2 / 1
ce | do

2 / 3 / 1
ru | ja | co

3 / 1 / 2
ca | pe | te

1 / 3 / 2
ci | ma | ne

3 / 1 / 2
to | sa | pa

2 / 3 / 1
ri | fe | xe

- COPIE DO QUADRO O NOME DE CADA IMAGEM. DEPOIS, SEPARE AS SÍLABAS DESSAS PALAVRAS.

cebola   cogumelo   gelatina
raquete   telefone   tijolo

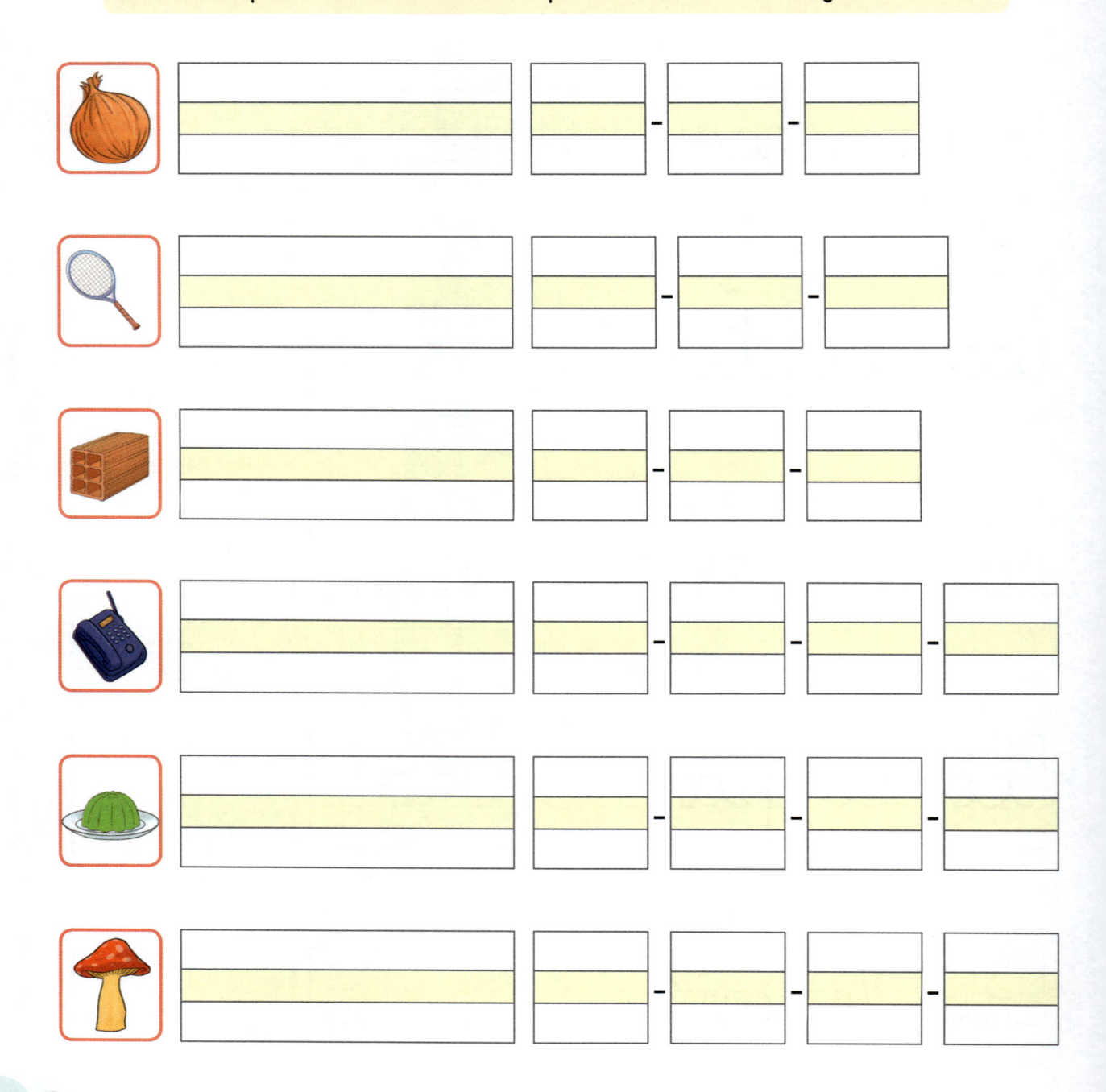

- USE AS VOGAIS E AS SÍLABAS DO QUADRO PARA FORMAR OS NOMES DAS IMAGENS.

a u re va no pi fa to la ji ro de ca mo ve do pe da lo ta si

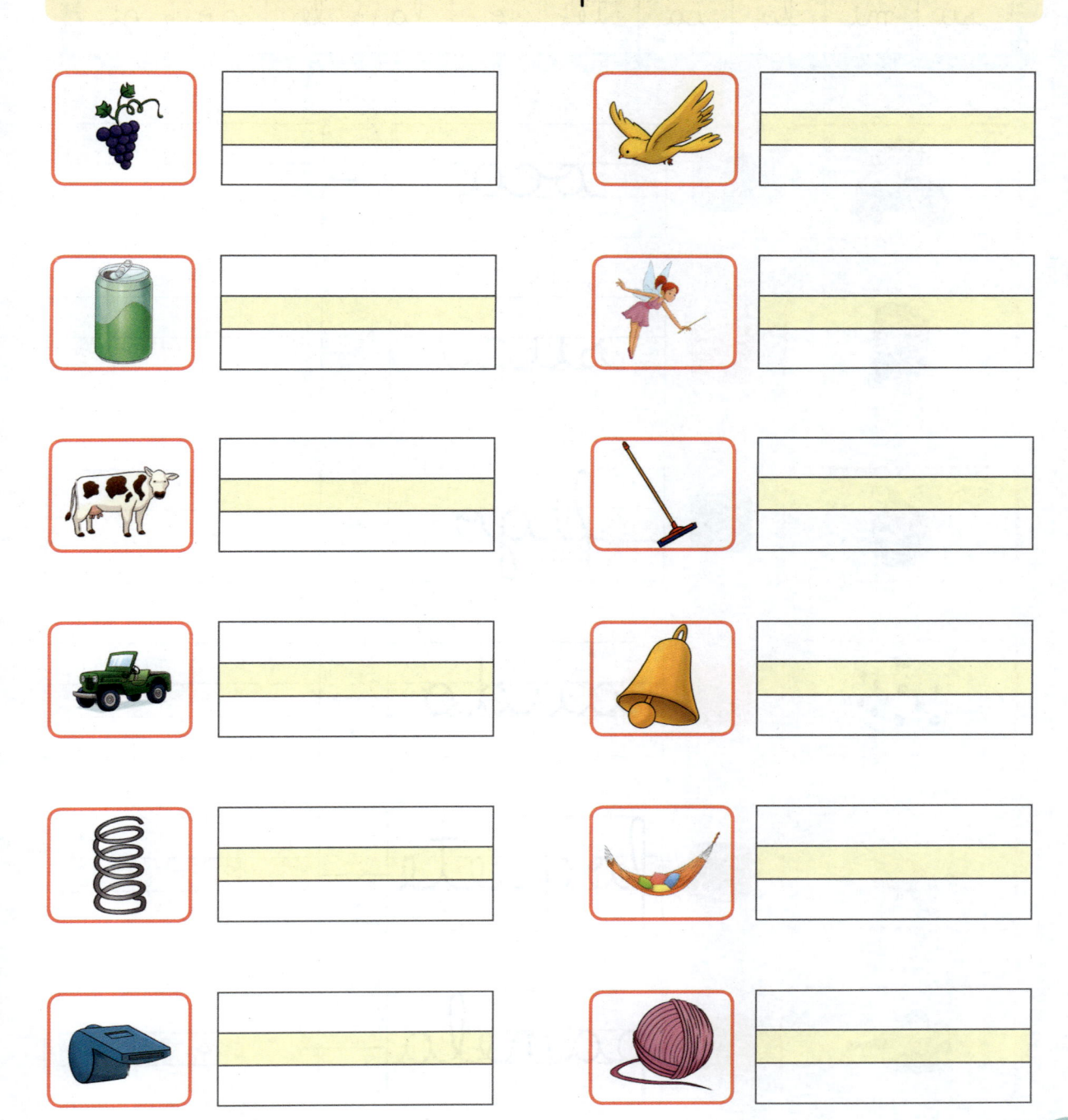

- ENCONTRE NO QUADRO AS SÍLABAS QUE FORMAM OS NOMES E PINTE-AS COM A COR INDICADA AO LADO DE CADA IMAGEM. DEPOIS, COPIE OS NOMES.

| fi | co | da | pi | ne | be | pa | zu | gue | go |
|----|----|----|----|----|----|----|----|-----|----|
| su | mi | fo | ca | te | o  | la | le | do  | gi |

oca

suco

figo

dado

foguete

panela

- PINTE AS SÍLABAS QUE COMPÕEM O NOME DE CADA IMAGEM. DEPOIS, ESCREVA ESSE NOME.

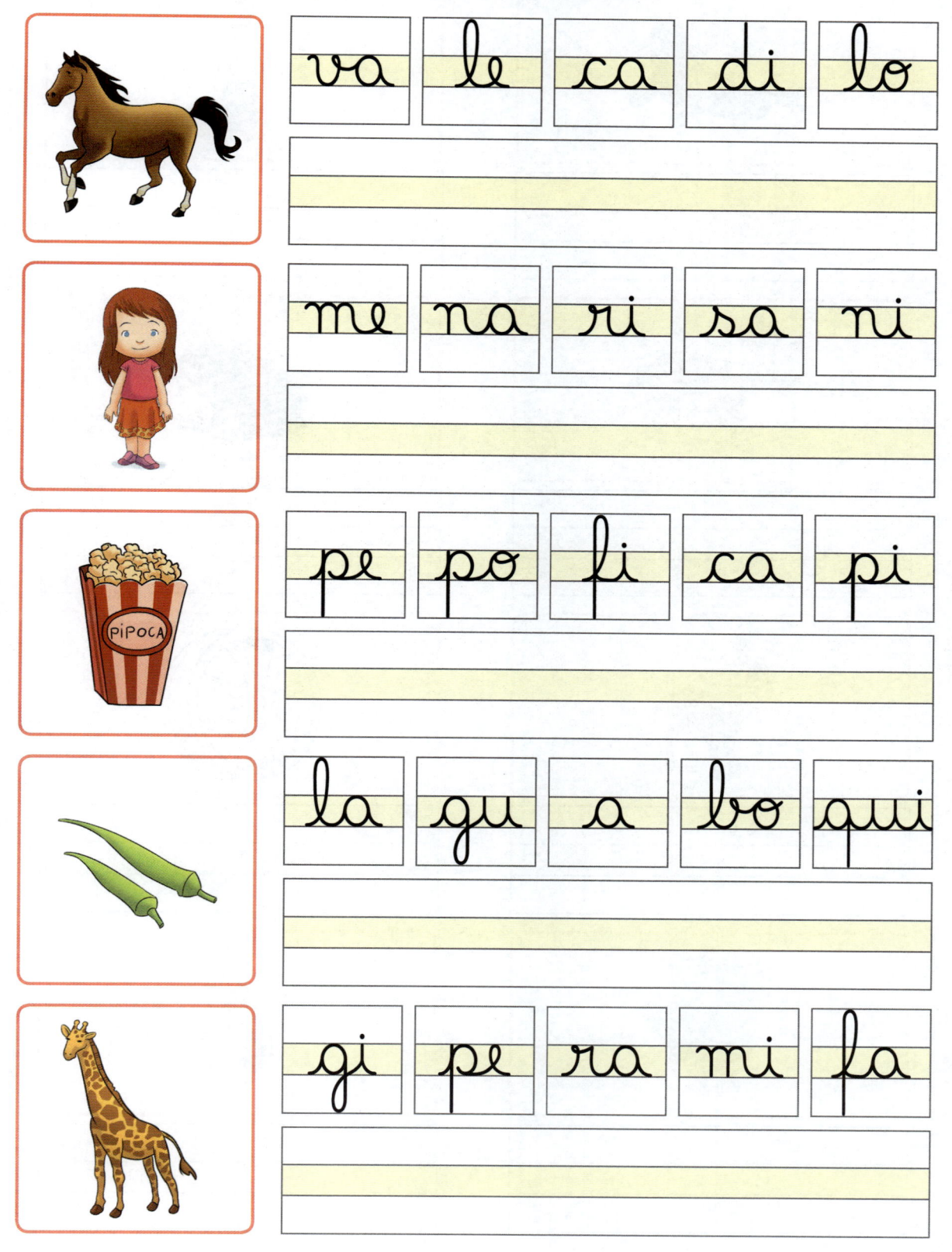

| va | le | ca | di | lo |

| me | na | ri | sa | ni |

| pe | po | fi | ca | pi |

| la | gu | a | bo | qui |

| gi | pe | ra | mi | fa |

- ESCREVA OS NOMES DAS IMAGENS COM LETRA CURSIVA.

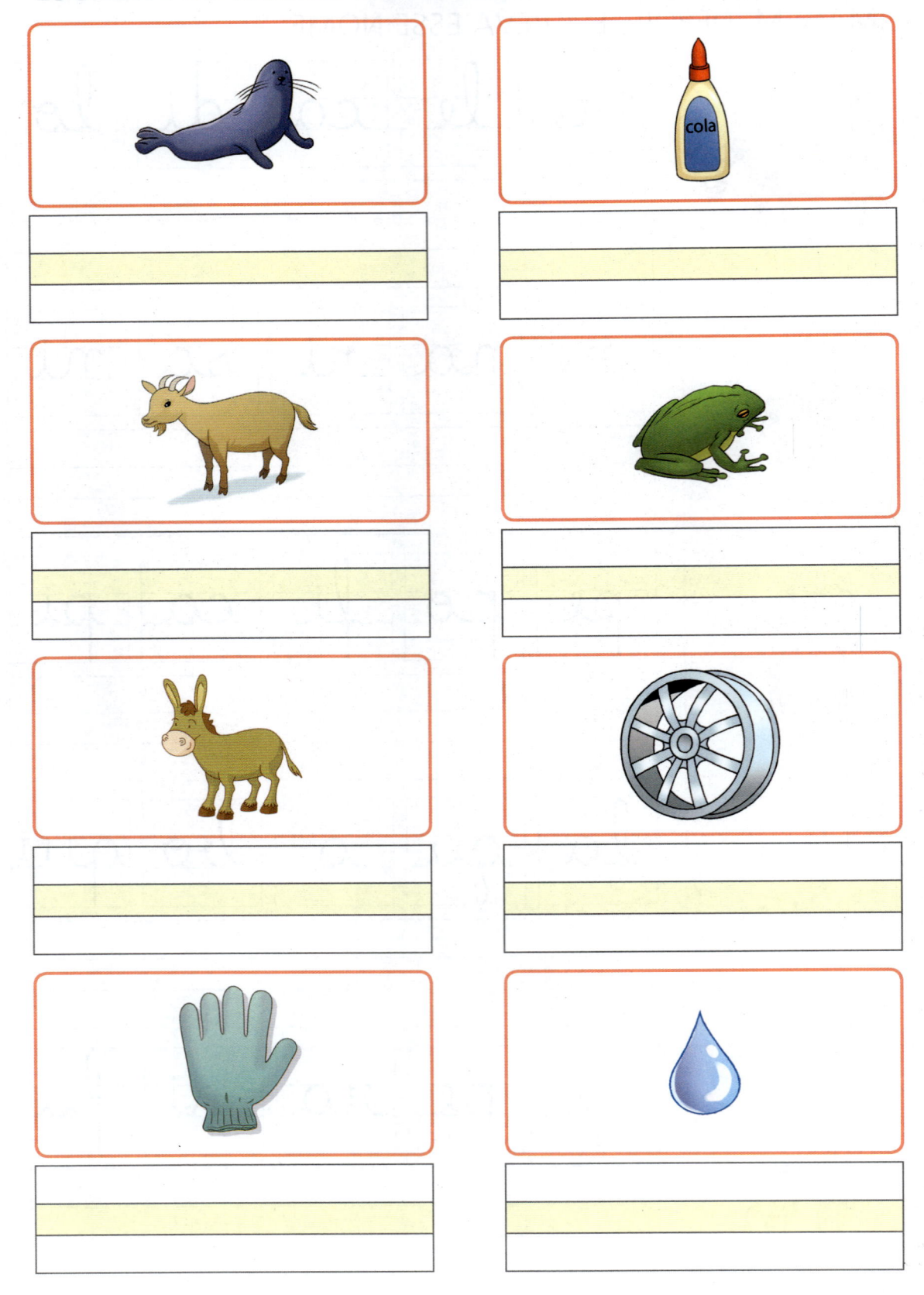